JOURNAL HISTORIQUE DU VOYAGE

FAIT AU CAP

DE

BONNE-ESPÉRANCE,

Par Feu

M. l'Abbé DE LA CAILLE,

DE L'ACADÉMIE DES SCIENCES;

Précédé d'un Discours sur la Vie de l'Auteur, suivi de remarques & de réflexions sur les Coutumes des Hottentots & des Habitans du Cap.

AVEC FIGURES.

A PARIS,

Chez GUILLYN, Libraire, Quai des Augustins, près le Pont S. Michel, au Lys d'or.

───────────────

M. DCC. LXIII.

Avec Approbation & Privilége du Roi.

TABLE
DES PRINCIPALES PARTIES
de ce Recueil.

A Vant-Propos, Page *v*

Discours Historique sur la Vie & sur les Ecrits de feu M. l'Abbé de la Caille, Page 1

Remarques sur le Discours, 95

Journal Historique du voyage de M. l'Abbé de la Caille au Cap de Bonne-Espérance, écrit par lui-même : accompagné de Notes & d'additions, 111

Description de Rio-Janeiro, 122

Débarquement au Cap, 139

Discours à M. le Gouverneur du Cap sur la mesure du 34ᵉ degré de latitude australe, 187

Débarquement à l'Isle de France, 197

Description abrégée de l'Isle de France, 216

TABLE, &c.

Description de l'Isle de Bourbon, 243

Observations faites à l'Isle de l'Ascension, 248

Coutumes des Hottentots, 257

Remarques de M. de la Caille sur les Coutumes des habitans du Cap, 275

Notes & Réfléxions Critiques sur la description du Cap de Bonne-Espérance, par Pierre Kolbes, 318

AVANT-PROPOS,

Où l'on annonce & où l'on explique le plan de ce Recueil.

LE Recueil qu'on présente au Public contient, 1°. Un Discours Historique sur la Vie & sur les Ecrits de feu M. l'Abbé de la Caille. 2°. Le Journal Historique de son Voyage au Cap de Bonne-Espérance. 3°. Des Remarques sur le territoire du Cap & sur les mœurs des Hottentots. 4°. Une Réfutation des principales erreurs contenues dans le Livre composé sous le nom de Kolbes, sur les Hottentots & sur

AVANT-PROPOS.

le Cap. Le Journal & le Discours sont accompagnés de Notes.

1°. Le Discours qui précéde le Journal, est un hommage qu'un des amis de feu M. l'Abbé de la Caille a cru devoir rendre à sa mémoire; il en conçut le projet aussi-tot après la mort de l'Académicien. Pour l'exécuter, cet ami a rassemblé tous les faits que sa mémoire a pu lui présenter. Il a consulté ceux qui avoient eu la même part que lui à l'intimité de M. de la Caille, & c'est d'après les détails que lui ont fourni ses recherches qu'il a composé ce Discours. Il n'a rien négligé pour faire connoître au Public un Sçavant du premier ordre, qui s'est efforcé pendant toute sa vie de cacher ses grands talens sous le voile de la modestie.

L'ordre de ce Discours est chronologique. On prend l'Abbé de la Caille dès le moment de sa naissance, & on le suit dans le cours de ses études. La premiere époque de sa vie Académique est le moment où il commence à être initié dans la Science des Astres. Placé dans son centre, il donne l'essor à ses talens, & le grand homme se forme. L'Académie le reçoit au nombre de ses Membres; & notre Sçavant justifie ce choix par des Ouvrages qui réunissent tous les suffrages. Il enrichit les Registres de l'Académie d'excellens Mémoires, & il consacre tous les momens de sa vie à l'utilité publique.

Le voyage du Cap lui fournit l'occasion de porter à son comble son mérite & sa réputation. Un retour heureux, & des succès complets, couronnent les travaux d'un séjour de trois ans, sous un Ciel étranger. L'Académicien présente au Monde sçavant la Carte exacte d'un Hémisphère céleste peu connu jusqu'alors ; des raretés d'Histoire Naturelle, des mesures de degrés, des regles pratiques pour l'avancement de la Navigation & de la Marine : en un mot il étonne autant par le nombre & par l'étendue des nouvelles connoissances qu'il rapporte, & des découvertes qu'il a faites, qu'il satisfait par leur importance & leur utilité, & par le grand jour que ses

AVANT-PROPOS. ix
travaux répandent sur différentes parties des Mathématiques.

De retour dans sa patrie, au lieu d'un repos nécessaire, il reprend cette vie occupée qu'il menoit avant son voyage d'Afrique; non content d'enrichir continuellement la République des Lettres par de nouveaux Ouvrages, il forme des projets plus vastes encore que ceux qu'il a déja exécutés. Il n'entreprend pas moins que de donner à la Science de l'Astronomie, toute la perfection dont elle est humainement susceptible. C'est au milieu de l'exécution d'un dessein si immense, qu'il a été enlevé; malgré tous les dehors & l'apparence d'un tempérament robuste qui sembloient lui promettre une

AVANT-PROPOS.

longue vie, la mort a coupé le fil de ses jours, lorsqu'il étoit encore dans la force de l'âge; & elle a privé par-là le monde, d'une de ses plus grandes lumieres.

L'on n'a pas eu recours, en composant ce Discours, aux ornemens que l'art oratoire a coutume de prêter, lorsqu'on cherche à embellir un sujet: l'éloge d'un vrai Sçavant n'a pas besoin de ces ressources. On s'est uniquement attaché à la vérité & à l'exactitude des faits. Pour rendre intéressant le portrait d'un grand homme, il suffit de le peindre tel qu'il est.

Le Discours est suivi de Remarques. On les y auroit insérées pour la plûpart, si on les avoit reçues à tems. Le Discours étoit

AVANT-PROPOS.

imprimé lorsqu'on les a communiquées. Elles sont, à l'exception de deux ou trois, d'un Académicien bien connu, qui avoit part à l'amitié de feu M. l'Abbé de la Caille, & qui l'a plusieurs fois secondé dans ses travaux.

Les Numéros qui précédent les Remarques, indiquent la page à laquelle elles correspondent. Elles ont été composées pour servir d'explication & de développement à quelques endroits du Discours, qui pouvoient paroître un peu trop concis. La Note sur les correspondances, placée à la page 103, auroit été plus étendue, si on avoit eu le tems de rassembler, à ce sujet, des enseignemens plus nombreux. M. de la Caille étoit, de tous les

Sçavans connus, celui dont on s'empreffoit le plus à rechercher le commerce, parce qu'il étoit vrai, obligeant, & qu'il réuniffoit un grand nombre de connoiffances, indépendamment de la partie dans laquelle il excelloit.

2°. La réputation qu'il a fi juftement acquife, donne tout lieu de préfumer que le Journal Hiftorique de fon voyage au Cap de Bonne - Efpérance fera favorablement reçu. Les Relations de voyages piquent naturellement la curiofité. Elles ont le double avantage d'inftruire & de plaire. Elles préfentent un tableau varié par des fituations fans nombre; fource d'une infinité de réfléxions.

AVANT-PROPOS.

Quelle satisfaction pour un lecteur de franchir par degré, des espaces de trois à quatre mille lieues, à travers les dangers de la mer, sans courir aucun risque? D'habiter en idée une température différente de la sienne, relativement aux saisons, à la société, aux productions, sans renoncer aux commodités de la vie, & sans sortir du centre des occupations qui partagent ses momens? Quel plaisir on goûte de se voir transporté au milieu d'un peuple sans culture, qui n'a, pour se conduire, que la voix de la simple nature; dont les mœurs & les coutumes ne ressemblent, en aucune sorte, à celles de la Nation dont on est membre?

AVANT-PROPOS.

Combien ces avantages deviennent-ils plus vifs & plus sensibles, lorsqu'on est assuré que les Histoires de voyages que l'on a sous les yeux, ont pour auteur des témoins oculaires, véridiques, sans préjugés comme sans prétentions, versés dans la connoissance des hommes, dans l'Histoire Naturelle, & dans toutes les parties qui distinguent le vrai Sçavant de l'homme vulgaire.

On ose assurer que tous ces caractères qu'on trouve rarement réunis dans un voyageur, & qui sont cependant nécessaires pour inspirer de la confiance, sont propres au Journal Historique de M. l'Abbé de la Caille.

Ce Sçavant avoit fait une étude approfondie des hommes ; il ex-

AVANT-PROPOS.

celloit dans bien des genres, & sur-tout dans ceux où doit être initié un Observateur qui voyage. Il étoit ennemi déclaré de tout ce qui pouvoit blesser l'exacte vérité ; aussi n'assure-t-il rien qu'il n'ait vû par lui même. Il avoit entre les mains un prétendu voyage au Cap, rempli de fautes, & qui au lieu de faits certains & avérés, contenoit des merveilles destituées de tout fondement. Cette circonstance le rendit plus circonspect encore. Il examina tout en critique. Les faits dont il rend compte dans son Journal, sont exposés avec une bonne foi scrupuleuse & une simplicité de récit, qui en mettent la vérité à l'abri de tout soupçon.

Il ne faut pas confondre avec le texte du Journal quelques additions qu'on y a jointes, pour remplir des vuides, ou pour servir d'explication. On a eu soin de distinguer ces additions par des guillemets.

La diction du Journal est simple & sans transitions, sans aucun de ces tours étudiés que les voyageurs ont coutume d'employer, pour exposer, souvent pour exagérer leurs fatigues & les dangers qu'ils ont courus. On reconnoît par-tout la marche uniforme d'un Sçavant consommé dans sa partie, à-peu-près comme un vieux Militaire, qui entreprendroit la Relation d'une Campagne à laquelle il auroit eu part.

AVANT-PROPOS.

L'auteur suit l'ordre chronologique. Il quitte Paris & s'embarque à l'Orient. Chaque jour est marqué par une ou plusieurs Observations sur les latitudes & sur les longitudes en mer, ou par quelque découverte astronomique. Les relâches & les séjours sont remplis de remarques & de réfléxions sur toute sorte d'objets importans; rien d'intéressant n'échappe à la sagacité du sçavant voyageur.

On a supprimé dans l'édition du Journal, le détail des longitudes & des latitudes, comme pouvant être ennuyeux & désagréable au commun des Lecteurs. On l'auroit cependant rapporté à cause de son utilité, si l'illustre Académicien ne l'eût point placé ailleurs. On a conservé tout ce qui regarde les marées, les tems, les calmes, la vraie & fausse estime des hauteurs, les vues de promontoires, d'Isles, de Caps, & en général tout ce qui est capable de fixer l'attention dans une route en pleine mer.

La route de M. l'Abbé de la Caille fut interrompue par une relâche qui semble avoir été ménagée pour notre instruction. Le Gouvernement de Rio-Janeïro nous étoit peu connu. Les habitans eux-mêmes ignoroient une infinité de choses qui pouvoient tourner à l'avantage du commerce, & à leur propre satisfaction. Pendant qu'on est occupé à caréner un petit bâtiment qui étoit le sujet de la relâche, notre

Sçavant parcourt l'Isle avec des yeux connoisseurs, auxquels rien n'échappe de ce qui peut être utile à la société. Les mœurs, les usages, la nature du Gouvernement, les productions naturelles, les oiseaux, le bétail, les météores & jusques aux crépuscules, occupent un loisir que tout autre auroit employé à se remettre des fatigues d'un voyage pénible. La partie de cette description, qui concerne le Gouvernement de l'Isle, pique singulièrement la curiosité, par le contraste des regles de ce Gouvernement avec nos Mœurs.

Le Cap de Bonne-Espérance avoit été le principal & même le seul objet de la mission de l'illustre Astronome. Il devoit y observer des étoiles inconnues en Europe ; tâche aussi pénible qu'importante. M. l'Abbé de la Caille en fit son principal objet. Il régla même son séjour au Cap sur la durée de ses observations. Mais son Journal nous apprend qu'il porta son attention sur toute sorte d'objets ; & qu'il ne lui est échappé rien d'intéressant sur tout ce qui avoit rapport au Gouvernement de la Colonie du Cap, aux mœurs des Hottentots, aux productions naturelles, &c. Il employoit à ces recherches ses loisirs de la journée, qui auroient à peine suffi à tout autre tempérament que le sien, pour se remettre des fatigues de la nuit. On a retranché du Journal qu'on rend public, les calculs &

les découvertes astronomiques, parce que ces matières ne peuvent être entendues que par un petit nombre de gens de Lettres, Astronomes de profession.

On a répandu dans le Journal plusieurs Notes pour expliquer quelques termes qui ne sont pas à la portée du commun des Lecteurs. On renvoie aux Dictionnaires, pour avoir l'explication du surplus de ces termes.

Toutes les précautions qu'un Editeur peut prendre, pour rendre exactement l'orthographe des noms propres, on les a employées ici. Les fautes qui seront échappées à cet égard, ne doivent être rejettées sur personne.

On a joint au Journal Historique une Carte réduite de celle

que M. de la Caille a fait graver de son vivant. On a ajouté à celle-ci quelques positions, avec une vue du Cap & de la Montagne de la Table, que le sieur Dupin, Graveur, a très-bien exécutée, sur les instructions qui ont été trouvées dans les Mémoires de M. de la Caille. Cette vue qui n'est qu'une miniature, peut servir à réformer celles qu'on trouve dans l'Extrait de Kolbe, & dans l'Histoire générale des Voyages. Le sieur Dupin a gravé cette même Carte en un format plus grand, qu'on trouvera chez lui, (petite rue d'Enfer en la Cité.)

Le voyage de M. l'Abbé de la Caille au Cap de Bonne-Espérance, avoit été interrompu par son séjour à Rio-Janeïro. Son retour du Cap en France fut beaucoup retardé par un ordre imprévu qu'il reçut, de se transporter aux Isles de France & de Bourbon.

Le sujet de son voyage à l'Isle de France étoit de lever une Carte exacte de cette Isle, travail pénible & rempli de difficultés, qui demandoit toute son expérience & tout son zéle : des forêts impénétrables, des marais, des vallées profondes, des ruisseaux, des rivieres, des bras de mer, & l'irrégularité d'un terrein souvent impraticable, avoient été comme autant d'écueils pour plusieurs Ingénieurs, dont les uns avoient abandonné le travail ; d'autres plus patiens qu'éclairés, avoient conduit leur opération à sa fin, mais sans en remplir toutes les parties avec exactitude.

Les détails du Journal qui concernent l'Isle de France, sont divisés en deux parties. La premiere commençant à la page 197, est l'exposé des opérations exécutées dans cette Isle par l'illustre Astronome. La seconde est une description de cette même Isle.

La premiere partie nous a paru un morceau de la plus grande utilité pour tous ceux qui ont des objets de ce genre à remplir. Les particularités qu'elle contient, apprennent qu'il est des rencontres, où le travail & la patience doivent venir au secours des lumieres

AVANT-PROPOS.

mières ; que souvent les grands talens ne suffisent pas pour arriver à un certain degré de perfection, s'ils ne sont soutenus par un tempérament robuste, & par les forces du corps, pour surmonter des obstacles & des dangers qui ne sont pas moindres que ceux dont se plaignent les personnes qui exercent les fonctions les plus pénibles.

Quoique la description de l'Isle de France ait été insérée dans les Mémoires de l'Académie, nous n'avons pas cru devoir la retrancher du Journal. Elle en fait partie, & ne peut que plaire au plus grand nombre des lecteurs, auxquels il n'est pas ordinaire d'avoir sous la main les Mémoires de l'Académie des Sciences.

Le Journal contient peu de choses sur l'Isle de Bourbon. Les Observations que M. de la Caille y a faites, sont rapportées dans les Mémoires de l'Académie, année 1754. On a cru devoir suppléer une courte description de cette Isle, afin de rendre le Journal plus complet.

Le Sçavant Voyageur s'est un peu plus étendu sur l'Isle de l'Ascension, dont la situation étoit importante à déterminer, pour l'utilité de la navigation.

3°. La mort prématurée de M. l'Abbé de la Caille a privé le Public d'un Traité Historique, qui auroit paru, touchant les usages & les mœurs des Hottentots, & des habitans du Cap, si ce triste événement avoit été différé de quelques années. Il en avoit couté à quelques-uns de ſes amis beaucoup de ſollicitations & d'importunités pour l'y déterminer.

L'illuſtre Abbé apportoit pour raiſon de ſon refus, qu'il n'avoit pour cette opération, ni le ſtyle ni les matériaux qui conviennent aux Relations; que ce qu'on lui demandoit étoit un objet de pure curioſité, plus amuſant que ſolide; qu'il n'étoit pas un homme à relations; qu'il avoit voyagé comme Aſtronome, & que ce qu'on lui demandoit, étoit abſolument étranger à l'objet de ſa miſſion.

Ces raiſons jointes à un enchaînement d'occupations, qui ſuivirent les premieres années de ſon retour, & qui le fixerent ſur un travail qui tenoit plus particulièrement au sujet de son voyage, lui furent, pendant plusieurs années, des prétextes très-plausibles de ne rien accorder aux empressemens de ceux qui le sollicitoient.

On vint à bout de l'abattre dans les derniers tems, en lui représentant qu'il n'en est point des Relations de voyages, lorsqu'elles sont véridiques, comme de ces Romans, destinés à remplir les loisirs d'une vie voluptueuse ou désœuvrée, sans laisser dans l'esprit aucune trace d'instruction : que rien n'est plus propre à instruire que le tableau des mœurs étrangeres ; de celles surtout où la vertu & le vice paroissent à découvert sous différens rapports, sans déguisement, sans fard, sans apprêts, sans ces fausses nuances qui en imposent aux yeux, & qui ne servent qu'à colorer & à flatter les défauts; que la vertu envisagée sous de nouveaux points de vue, & enseignée par des exemples, inculque de plus en plus ses maximes dans l'esprit de ceux qui la considerent : que le vice présenté à nud, inspire plus d'aversion & occasionne souvent des retours salutaires qui portent à reformer des abus, ou qu'on se dissimuloit, ou qu'on ne connoissoit pas : que les observations des Astres n'excluent pas celles des coutumes & des mœurs ; que ce qui a été découvert par occasion & comme par cas fortuit, n'est souvent pas moins utile que les connoissances qui ont été acquises par des recherches & par des combinaisons : enfin qu'à l'égard du style, plus il est simple, plus il convient aux Relations.

Avant son départ du Cap, M. l'Abbé de la Caille avoit mis par écrit sur les lieux, un certain nombre de Remarques sur les coutumes & sur les mœurs des Habitans du Cap de Bonne-Espérance, & sur celles des Hottentots. Ces Remarques eussent servi comme de base au Traité Historique qu'il devoit commencer à la fin de l'été, qui a suivi la saison où il est mort.

On donne ici ces Remarques à la page 275, telles qu'on les a trouvées parmi ses écrits. On n'y a rien ajouté : on a mieux aimé les faire précéder d'Obfervations préliminaires fur les coutumes des Hottentots ; matiere qui n'eft prefque pas traitée dans les Remarques. L'on n'avance aucun fait, dans ces Obfervations, qui n'ait été plufieurs fois raconté par l'auteur des Remarques.

Le ftyle des Remarques eft fimple : elles font expofées fans art, nettes & concifes. Elles auroient pu être, dans d'autres mains, la matiere d'un Volume raifonnable, en y ajoûtant quelques détails pris du fond des chofes ; comme elles font détachées, on a cru devoir les divifer par articles. Telles qu'on les donne, elles ne peuvent manquer de plaire, parce qu'elles préfentent le récit fidéle d'un témoin oculaire, qui rend compte lui-même des particularités qui l'ont frappé, lorsqu'il étoit sur les lieux ; qui ne cherche ni à séduire par les agrémens de la diction, ni par l'éclat du merveilleux, comme il arrive souvent aux auteurs des Relations de voyages.

4°. M. l'Abbé de la Caille avoit pour maxime, de ne blesser la réputation de qui que ce soit dans ses écrits. S'il a attaqué Kolbes & s'il l'a réfuté par des Notes Critiques, c'est qu'ayant à courir la même carriere que celui-ci avoit entreprise, il avoit trouvé un grand nombre de faits, dont la vérité & l'exactitude le mettoient continuellement en contradiction avec le tissu des fables qui composent les trois Volumes extraits des Mémoires dreſſés ſous le nom de cet Allemand. Kolbes d'ailleurs avoit bleſſé la probité, en ne rempliſſant pas lui-même aucune des parties qui avoient formé l'objet de ſa miſſion.

Au reſte, les Notes & les Réfléxions n'attaquent que l'ouvrage, & point du tout la perſonne de Kolbes. Les Remarques préliminaires qui regardent la conduite de cet Allemand pendant ſon ſéjour au Cap, ont été communiquées par une perſonne très-inſtruite, à laquelle M. l'Abbé de la Caille en avoit fait part, deux mois avant ſa mort.

L'édition de Kolbes ſur laquelle l'auteur des Notes s'eſt réglé, est celle qui a été publiée en trois Volumes in-douze à Amsterdam, sous l'adresse de Jean Catuffe, en 1743.

Dans ses Notes, l'Astronome François suit pas à pas le voyageur Allemand, depuis la Préface de sa Description jusqu'à la fin du troisiéme Tome. Il indique les endroits qui sont répréhensibles, & expose les raisons qui l'autorisent à condamner l'auteur de l'Extrait. Ses raisons dissipent l'illusion, substituent la lumiere de la vérité à l'éclat trompeur de la fable, & font disparoître les idées romanesques & séduisantes, que l'éloignement des lieux n'avoit pas encore permis de réduire à leur juste valeur.

Non content de renverser de

proche en proche toutes les parties de l'édifice de Kolbes, M. l'Abbé de la Caille établit plusieurs points importans, & expose des faits qu'on peut regarder comme un Supplément aux Remarques sur les Hottentots & sur le territoire du Cap.

Les matieres contenues dans ce Volume ont couté beaucoup de peine à rassembler, malgré les complaisances & les facilités que l'on a trouvées de la part du Sçavant, que M. l'Abbé de la Caille a rendu dépositaire de ses Mémoires, par Testament. On est suffisamment dédommagé de ces peines, par le plaisir d'avoir publié des écrits, qui, sans les soins qu'on a pris, n'auroient peut-être jamais vu le jour.

Il est honorable de contribuer à recueillir les dépouilles des grands hommes, après leur mort. C'est une satisfaction des plus flatteuses d'être l'instrument des trophées qu'on érige à leur mémoire, pour leur assurer de plus en plus l'immortalité dans l'estime de la Postérité.

DISCOURS
HISTORIQUE

Sur la Vie & sur les Ecrits de feu M. l'Abbé DE LA CAILLE, *de l'Academie Royale des Sciences.*

LOuer, après leur mort, les hommes rares qui ont caché, pendant leur vie, de grands talens sous le voile de la modestie, c'est payer à leur mémoire un tribut légitime ; c'est même une restitution plutôt qu'un tribut.

Les témoignages de l'estime publique ne leur servent de rien à la vérité dans le séjour des morts; mais des amis héritiers de leurs sentimens recueillent ces témoignages comme une succession en dédommagement de la perte qu'ils ont faite.

A des connoissances vastes & sublimes, le Sçavant que nous regrettons, joignoit toutes les qualités d'une belle ame. Doublement utile à la société, il l'a servie par ses travaux immenses, & l'a instruite par des rares exemples de générosité & de droiture.

Son mérite littéraire est généralement reconnu. Le François qui le vante n'apprend rien à l'Etranger. Les Grands & les Ministres qui brillent de l'éclat du Trône, unissent leurs suffrages à ceux d'un public éclairé sur la justice qui lui est dûe ; mais les amis qui le cultivoient dans le commerce d'une vie privée, ont été les témoins d'une conduite soutenue par des sentimens supérieurs à toutes les louanges.

Tel il a vécu, tel il est mort. Nous nous proposons de faire une esquisse de sa vie, en attendant qu'une main plus habile publie un éloge digne de lui.

HISTORIQUE.

Nicolas-Louis de la Caille nâquit le 15 Mars 1713, à Rumigni, Bourgade du Diocèse de Rheims, située à deux lieues de Rosoy en Thiérache, de N. Louis de la Caille & de Barbe Rebuy. Il tenoit par des alliances à plusieurs familles anciennes & distinguées du Laonois. Comme il avoit un éloignement décidé pour toutes les distinctions, il n'a jamais permis qu'on recherchât son origine. Il disoit que la vraie noblesse se déclare par les sentimens; qu'on ne doit jamais remonter à la connoissance de ses ayeux par l'amour d'un vain titre, mais seulement pour se soutenir dans le chemin de l'honneur par des exemples de probité & de vertu.

Son pere qui avoit servi dans le Corps des Gendarmes & dans l'Artillerie, jouissoit en 1713 d'un revenu honnête, & menoit une vie retirée, qu'il varioit par l'étude des hautes Sciences. Il cultivoit la Méchanique avec succès. Il inventoit des machines très-ingénieuses, qu'il exécutoit pour employer ses momens de loisir ; homme d'esprit & d'une grande probité.

Si les circonstances qui accompagnent la naissance des enfans pouvoient servir de présage, il eût été naturel de présumer qu'un Sujet né au sein des Arts & des belles connoissances, devoit un jour tenir un rang distingué dans la République des Lettres.

Dès l'âge le plus tendre, M. l'Abbé de la Caille fit pressentir ce qu'il seroit & ce qu'on pouvoit attendre de lui pour l'honneur de la Littérature & pour l'utilité de la patrie ; car il en est des génies comme des fleurs, qui presqu'en naissant, & long-tems avant de développer aux yeux tout leur éclat, marquent si elles seront de prix, ou d'une espece commune.

Son pere, attentif au moment où la raison commence à percer dans les Sujets précoces, saisit en homme intelligent le point convenable pour commenset son éducation : il jugeoit que l'âge tendre est le plus propre à recevoir les impressions de la vertu & les semences des perfections qui concilient l'estime publique. Il eut la satisfaction de voir éclore en son fils des talens naturels qui se fortifioient avec l'âge.

Un projet exécuté avec perte, pensa détruire le plan d'éducation que le sieur de la Caille avoit préparé à son fils. Voulant travailler à l'avancement de sa fortune, il entreprit la construction d'un Moulin à Papier, qu'il conduisit à sa fin avec beaucoup de goût & d'intelligence. Des contre-tems, des infidélités d'Entrepreneurs & d'Ouvriers, le jetterent dans des dépenses énormes, qui absorberent en peu d'années tout le fonds de ses revenus.

Il semble que la fortune prenne plaisir à traverser les Sçavans qui visent à l'accroissement de leurs biens : elle les favorise plus volontiers lorsqu'ils ont en vûe des intérêts qui leur sont étrangers.

A iij

Discours

Feu M. le Duc honoroit le sieur de la Caille de sa protection. Il le mit à la tête d'un Etablissement qu'on alloit former dans une Isle de l'Amérique. Celui-ci se rendit à Nantes en 1725, par ordre du Prince, dans le dessein de s'embarquer. Tout changea ; le Chef de la Colonie se trouva une seconde fois sans état. Feue Madame la Duchesse du Maine le reçut à Anet, à la persuasion de M. le Duc. Le sieur de la Caille tint chez elle la conduite que le devoir & la reconnoissance demandoient. Il fit des améliorations considérables aux dépendances de la Terre d'Anet, en tirant parti d'une infinité de moyens qu'on avoit négligés jusques-là. Il reprit l'éducation de son fils, & le confia ensuite au Principal du College de Mantes-sur-Seine, son ami ; ce fut-là que l'Abbé de la Caille fit ses Classes d'Humanités jusqu'à la Rhétorique.

Il quitta Mantes en 1729, & vint à Paris au Collége de Lisieux, où son pere le plaça en qualité de Penſionnaire. Il y fit deux années de Rhétorique avec l'eſprit & le jugement d'un âge plus avancé, malgré les incommodités d'une ſanté foible & d'un eſtomach dérangé, qui lui permettoient à peine de digérer les alimens néceſſaires à la vie.

C'eſt dans cette Claſſe de Rhétorique qu'il contracta l'habitude de lire en tout tems & toute ſorte de ſujets. Il plaçoit avec ordre dans ſon eſprit les fruits de ſes lectures; chaque genre avoit, pour ainſi dire, une caſe dans ſa mémoire, où il diſtribuoit les notions qu'il acquéroit. L'Hiſtoire, les Antiquités, la Mythologie, l'Eloquence Latine & la Poéſie partageoient ſon tems : il contracta par une lecture réfléchie des Œuvres de Cicéron un ſtyle de Latinité très-pur. La Préface de ſon Ouvrage, intitulé, *Aſtronomiæ fundamenta*, eſt une preuve de ſon goût.

Il chériſſoit Horace parmi les Poëtes. Il en avoit ſouvent les paſſages à la bouche. Horace est le Poëte du bon sens. Il donne aux caractères des nuances de vérité qui ravissent. Saisir ses pensées, épouser son génie, c'est partager la gloire qu'il s'est acquise dans l'empire de la raison. Au sortir de la Rhétorique, l'Abbé de la Caille fit son Cours de Philosophie au Collége de Lisieux, & après sa Philosophie, il étudia trois ans en Théologie au Collége de Navarre.

Son goût pour les Mathématiques ne s'étoit pas encore déclaré faute d'occasion ; tout portoit à croire que ses inclinations tourneroient du côté des Belles-Lettres. Un pur hazard lui mit la main sur les Elémens d'Euclides. Il les comprit sans Maître, & une premiere lecture captiva sa raison. L'évidence qui semble couler des Elémens de cet Ancien, fit briller à ses yeux une vive lumiere, qui ne lui permit plus de se livrer à d'autre étude qu'à celle des Mathématiques. De toutes les conquêtes qu'a faites Euclides, celle-ci est une des plus honorables à sa mémoire. Il a formé un Disciple qui l'a égalé. Dans la carriere des Lettres, il est honorable aux Maîtres d'être atteints & mêmes surpassés par les Disciples qu'ils ont instruits.

A la fin de sa Théologie, l'Abbé de la Caille se disposa à prendre les deux degrés de Maître-ès-Arts & de Bachelier en Théologie. C'étoit l'intention de son pere. Il résolut de s'y conformer, quoique décidé pour un genre d'étude tout différent.

Son premier examen de Maître-ès-Arts eut une issue très-favorable; à la fin du second, les Examinateurs le comblerent d'éloges. Il falloit pour couronner l'œuvre, le suffrage du sous-Chancelier, qui, en l'absence du Chancelier, fait la cérémonie de donner le Bonnet.

C'étoit un Docteur attaché par goût à l'ancienne Philosophie. Une question qu'il proposa sur des matieres surannées & proscrites depuis long-tems des Ecoles, lui attira une réponse vraie qui l'irrita. Il refufa de donner le Bonnet de Maître-ès-Arts au Candidat; cependant les Examinateurs l'y contraignirent. Vaincu fans céder, le Docteur obligea le Récipiendaire à recevoir le Bonnet avec des diftinctions humiliantes, qu'il accompagna de marques extérieures de répugnance & de contrainte : combat fingulier des qualités occultes & de l'évidence : fpectacle intéreffant d'un Sage en Scholaftique, qui craint de profaner fon Bonnet, marque de fa dignité, en le paffant d'une tête garnie des diftinctions de Scot & de Lombard, fur une tête ornée des connoiffances d'Euclides & d'Archimède.

Senfible au procédé, l'Abbé de la Caille fe fortifia dans la réfolution de fe livrer fans réferve à l'étude des Mathématiques. Il dit un adieu éternel à la Théologie & aux Bancs, voua aux Scholaftiques & aux Sectateurs de l'ancienne Philofophie, une antipathie de laquelle il n'eft jamais revenu. Son père lui avoit envoyé une somme pour passer Bachelier : il employa cette somme à des Livres de Mathématiques qui lui manquoient.

Cette scene a tourné sans difficulté au profit des Lettres; elle fait cependant connoître combien il est essentiel de choisir des personnes éclairées & circonspectes pour remplir les places auxquelles est attaché le privilege de décider du sort & de la capacité des sujets. Ces choses se passoient à la fin de l'année 1736.

Un Ecclésiastique respectable (*a*), qui avoit des liaisons avec le pere de M. de la Caille, & avec feu M. Cassini, proposa à celui-ci l'Abbé de la Caille comme un Eleve digne de son choix, qui avoit du talent pour le calcul, & beaucoup de dispositions à exceller dans la connoissance des Astres. M. Cassini voulut connoître le sujet, il le fit opé-

―――――――――
(*a*) M. Léger, présentement Curé de Saint André des Arts.

rer en sa présence sur divers objets. Il fut frappé du goût & de la méthode avec lesquels le jeune Abbé procédoit. Il remarqua dans ses idées & dans sa maniere d'opérer une netteté, une justesse & une précision qui lui causerent un plaisir sensible. Demeurez avec moi, lui dit ce Sçavant respectable, nous calculerons tant & plus. Je vous offre ma maison & toute mon amitié. L'Abbé répondit comme il devoit à cette effusion de cœur. Il se fixa à l'Observatoire, remplit & surpassa l'attente du célébre Astronome, & mérita son estime, moins encore par ses talens & par ses progrès, que par ses sentimens & par sa reconnoissance.

L'art du Calcul n'a jamais été porté au point de perfection où il est parvenu. L'Abbé de la Caille excelloit dans cette partie. Il opéroit avec autant de sureté que de facilité. Il arrivoit à son terme par le chemin le plus court. Ses méthodes & ses formules avoient le double avantage de la clarté & de la précision. Le Calcul est la base de l'Astronomie; avec son secours nous connoissons le mouvement & la distance des Astres. On est redevable au calcul du bel ordre que les Astronomes ont mis dans l'Empire des Cieux, & de l'exactitude de leurs opérations.

Les premieres observations de M. l'Abbé de la Caille sont du mois de Mai 1737. C'est en ce mois qu'il prit possession d'un empire dont il devoit étendre les bornes & embellir les domaines.

Un premier coup d'œil lui dévoila la dignité & l'utilité d'une Science aussi ancienne & aussi étendue que le monde. Les Astres annoncent la majesté & la puissance d'un Créateur : ils instruisent les hommes à révérer leur auteur. On a trouvé des peuples insensibles aux attraits du luxe, & même aux commodités de la vie : on n'en a pas encore vu qui n'ayent été frappés de l'éclat des astres, & qui n'ayent observé les Corps célestes pour régler leurs actions.

L'entrée de M. l'Abbé de la Caille à l'Observatoire a été le commencement d'une vie active qui affermit sa santé. M. Cassini s'applaudissant de l'acquisition qu'il avoit faite, la publioit partout. M. Maraldi, témoin des progrès & de la capacité du nouvel Astronome, en conçut une grande estime, & rechercha son amitié. Il lui procura toutes les facilités qui dépendoient de lui. Aidé de ces deux Sçavans, l'Abbé de la Caille fournit sa carriere à pas de géant. Il conçut pour ces deux Maîtres les sentimens qu'ils méritoient. Il perdit le premier par un accident imprévu, & cette perte excita en lui une douleur vive & sincere. L'autre lui survit : il l'a laissé dépositaire de ses Manuscrits, comme pour rapporter à leurs sources les connoissances qu'il avoit puisées dans ses conseils.

En 1738 au mois de Mai, l'Abbé de la Caille partit avec M. Maraldi pour lever les côtes de la mer depuis Nantes jusqu'à Bayonne : opération très-utile à la navigation. Notre sçavant donna en cette rencontre de nouvelles preuves de ses talens.

M. Dominique Cassini, M. de la Hyre & M. Maraldi, oncle de l'Académicien d'aujourd'hui, avoient entrepris en 1690 de tracer une Méridienne du Midi au Septentrion de la France, L'opération avoit été terminée en 1718 par M. Cassini & par M. Maraldi. Comme on avoit alors des Instrumens moins parfaits que ceux dont on se sert présentement, il se glissa quelque erreur dans l'opération. Vingt-huit ans s'écoulerent sans qu'on entreprît de la vérifier. M. Cassini en conçut le dessein : il en chargea M. l'Abbé de la Caille, conjointement avec M. de Thury son fils. L'entreprise bien conduite devoit aussi faciliter l'exécution d'une description géométrique de toute la France, dont M. Cassini avoit été chargé en 1733, par M. Orry, Contrôleur Général des Finances ; cette description devoit commencer par la parallele de

Paris, à laquelle M. Cassini avoit déjà travaillé.

Quand on considere, sans être initié dans les connoissances astronomiques, la distance immense des cieux à la terre, on a peine à trouver quelque rapport entre l'Astronomie d'une part, la Géographie & l'Histoire de l'autre. Une premiere réflexion n'y découvre qu'opposition.

La vaste étendue des Cieux, le cours constant & uniforme des Astres principes de la lumiere, sont le principal objet de l'Astronomie, tandis que les autres Sciences cherchent sur la surface de la terre des points fixes, & tirent de l'obscurité des dépôts, les monumens propres à instruire. L'éclat persévérant des globes lumineux qui roulent sans cesse au-dessus de nos têtes, symboles de la puissance immuable du Créateur; les édifices périssables, les tombeaux, les ruines mêmes, symboles de la fragilité humaine & du néant de la Créature, semblent être les caractères distinctifs de l'Astronomie & de l'Histoire : celle-ci tire la lumiere des ténébres, l'autre attend les ténébres & l'obscurité des nuits pour observer les Astres qui répandent la lumiere. L'une explique le passé à l'aide des monumens & de la critique : l'autre perce dans l'avenir avec le secours du calcul.

Cependant la Géographie emprunte toute sa certitude de l'Astronomie, à cause du rapport immuable des points du Ciel avec ceux de la terre ; & l'Histoire sans l'Astronomie ne pourroit fixer surement l'époque des grands événemens. L'ouvrage de la Méridienne a été comme la base de la belle Carte générale de la France, dont on donne tous les ans plusieurs feuilles au public.

La nouvelle Méridienne devoit être tracée depuis Perpignan jusqu'à Dunkerque. M. l'Abbé de la Caille partit pour Perpignan avec M. de Thury au mois de Juillet 1739. Il fut à peine arrivé, qu'il commença la partie des opérations dont il s'étoit chargé. Un accident pensa l'enlever à l'exécution de ses vûes.

Il côtoyoit à cheval une petite riviere profonde, groffie par la chûte de plufieurs torrens qui fe précipitoient des Pyrénées. Le cheval qui marchoit par un chemin fort étroit, fit un faux-pas, tomba dans la riviere, & entraîna fon cavalier dans fa chûte. L'effroi faifit ceux qui accompagnoient notre Sçavant. Cependant le cheval reparut feul beaucoup plus bas que l'endroit de fa chûte. On regardoit la perte du cavalier comme affurée, lorfque tout-à-coup l'Abbé reparut au bord oppofé avec un grand fang-froid. Il changea d'habit, & reprit le fil de fes opérations jufqu'à la fin d'Octobre.

Au mois de Novembre, il fut rappellé à Paris pour prendre poffeffion de la Chaire de Mathématiques du Collége Mazarin, à laquelle il avoit été nommé. Il repartit enfuite pour Perpignan. Le froid qui devint exceſſif à la fin de Novembre, & dans le courant du mois ſuivant, la neige & toutes les intempéries d'une ſaiſon rigoureuſe, ne ralentirent pas ſon ardeur. Il paſſa du Rouſſillon au Languedoc, & du Languedoc en Auvergne, où il continua ſon travail au milieu des neiges. Il arriva à Paris à la fin du rude hyver de 1740. Tout autre auroit ſuccombé ſous le poids des fatigues ; ces contre-tems affermirent de plus en plus ſa ſanté, & acheverent de lui former le tempérament robuſte qu'il a conſervé juſqu'à la mort.

Arrivé à Paris, il travailla avec M. Caſſini à vérifier la baſe de M. Picard, & la direction de la Méridienne de Paris à Perpignan. Au mois de Juillet il fit la route de Dunkerque, & eſſuya de nouvelles fatigues. Occupé pendant le jour à préparer ſes inſtrumens, à dreſſer ſes machines ſur les ſommets des montagnes, il obſervoit pendant la nuit, exposé aux injures de l'air, sans gîte, & quelquefois sans provisions de bouche, dans des cantons inhabités. La satisfaction d'avoir conduit son travail à sa fin, & d'avoir trouvé le point qui avoit échappé aux recherches de plusieurs grands Astronomes, lui firent oublier à son retour ce qu'il avoit souffert pendant deux ans.

En 1741, M. de Lisle, Associé ordinaire de l'Académie Royale des Sciences pour l'Astronomie, demanda la Vétérance, & M. de Fouchy passa de la place d'Adjoint à celle d'Associé. L'Académie choisit M. de la Caille pour remplacer M. de Fouchy. M. de la Caille fut reçu au mois de Mai. Il débuta en Maître dans cette illustre Compagnie. Il lut d'abord un Mémoire sur le calcul des différences dans la Trigonométrie Sphérique. Il accompagna ce Mémoire de Formules & de Problêmes avec leurs solutions, ouvrage profond qui réunit les suffrages.

HISTORIQUE.

Il fit aussi son rapport à l'Académie d'une Eclipse de Lune qu'il avoit observée à l'Hermitage sur la montagne de Sainte-Victoire, à trois lieues d'Aix en Provence, le 13 Janvier 1740. Ce rapport fut reçu avec d'autant plus de plaisir, que cette Eclipse n'avoit pas été observée à Paris à cause des nuages.

Les Académies sont les Ordres de Chevalerie de la République des Lettres. On y amasse ordinairement plus d'honneur que de fortune. Il y a cependant des pensions attachées à l'ancienneté & au mérite. Dans les Ordres Militaires la pension suit l'honneur. Dans les Académies l'honneur suit la réception, & l'on ne voit la pension qu'en perspective. Il faut quelquefois des vingt années pour y parvenir. L'entrée de M. l'Abbé de la Caille à l'Académie a été la récompense de ses travaux de la Méridienne ; il n'a obtenu une gratification annuelle qu'après son retour du Cap.

Avant la fin de 1741, M. l'Abbé de

la Caille rendit publiques ses Leçons Élémentaires de Mathématiques pour l'usage de ceux qui venoient l'entendre. Il les avoit composées en François, parce que cette Langue est beaucoup plus propre que le Latin, par sa clarté à expliquer les principes d'une Science qui appartient plus particuliérement à l'évidence.

Un Moderne a judicieusement observé, en parlant du langage de la Philosophie scholastique, qu'il y a des propositions vraies en Latin, qui sont fausses en François. Les vérités Mathématiques sont bien assurément les mêmes en Latin qu'en François ; mais elles s'enseignent & se conçoivent plus aisément dans une Langue que dans l'autre. La coutume de dicter des Cahiers Latins est présentement abandonnée, comme une méthode antique qui enleve aux jeunes gens un tems précieux, & qui souvent obscurcit les matieres au lieu de les éclaircir.

Ces Leçons de Mathématiques paffent pour un chef-d'œuvre de précifion dans le monde fçavant. Il en a paru cinq éditions : elles ont été traduites en Latin, & imprimées à Vienne in-4°. traduites & imprimées en Efpagnol, traduites & imprimées en Anglois. On en a donné, ou l'on en prépare une traduction Italienne. Ces traductions dans plufieurs Langues fçavantes font un éloge complet de l'ouvrage.

En 1742 il parut une Comete pendant les mois de Mars, Avril & Mai ; M. de la Caille l'obferva, & compofa un Mémoire fur fon apparition & fur fa route. Il fit un autre Mémoire en cette année, contenant une méthode de trouver le lieu de l'apogée du Soleil.

En quittant fon appartement de l'Obfervatoire, il s'étoit comme expatrié. Afin de fuppléer à l'éloignement, il fit conftruire un Obfervatoire au Collége Mazarin. Il l'augmenta, le changea, & l'accompagna de toutes les commodités que peut desirer un Astronome qui veut observer surement. Il le plaça de maniere à pouvoir, pour ainsi dire, aller au Ciel comme de plein-pied. Cette facilité donna un nouvel essor à ses talens. Sa vie depuis ce tems n'a presque plus été qu'une seule observation. Il acquit en peu d'années l'expérience consommée des plus grands Maîtres.

Il fit deux sortes d'observations ; les unes pour son utilité particuliere, pour satisfaire son goût, pour s'affermir de plus en plus dans la pratique ; les autres pour l'instruction du public. On doit rapporter à la seconde classe celles qu'il publia en 1743 sur une Comete du mois de Février, sur la conjonction de Mars & de Saturne, sur le passage du Soleil par le parallele d'Arcturus, sur la conjonction de Mars & de Jupiter, sur le Soleil dans son Apogée, sur le passage du Soleil par le parallele de Procyon, sur la hauteur du bord supérieur du Soleil dans le Tropique du Capricorne,

corne, sur la Planette de Mercure dans le Soleil, sur le Soleil dans son périgée, avec des recherches sur le lieu de l'apogée de ce même astre.

Il publia en cette année tout le travail de la Méridienne: il ne voulut jamais permettre que son nom parût sur le frontispice de l'ouvrage. Il en abandonna tout l'honneur à son Confrere, qui a eu soin de faire mention dans la Préface des peines que M. de la Caille s'étoit données pour mettre cet ouvrage dans l'état où on le présentoit au public en 1744.

Tant de succès, tant de pratiques acquirent à M. l'Abbé de la Caille la réputation d'un Astronome consommé dans son art. Après s'être instruit lui-même par des travaux immenses, il mit par écrit des préceptes sur la maniere d'étudier l'Astronomie. Il composa ses Elémens d'Astronomie, & les publia in-8°. sous le même format que ses Leçons Elémentaires, avec des Figures; quoique ce Traité ne regarde que les Maîtres, il a été traduit en Latin, en Anglois, en Espagnol, & l'on en a épuisé quatre éditions Françoises. Il méditoit la derniere année de sa vie, un Traité pratique d'Astronomie, contenant une méthode sûre & facile d'observer exactement, avec la description & l'usage des instrumens consacrés à son art. Cette matiere peut être traitée par une main habile, & exécutée avec succès, sur-tout si l'on apporte dans la composition la précision qu'il y auroit mise.

M. l'Abbé de la Caille a aussi composé des Leçons Elémentaires de Méchanique, & des Elémens d'Optique & de Perspective. Ces deux ouvrages décèlent, comme les précédens, un Sçavant méthodique & profond. Nous ne ferons pas un jugement détaillé de ses quatre Volumes de Leçons Elémentaires. Les matieres qu'ils contiennent passent notre portée. Nous nous contentons de recueillir les suffrages des personnes instruites dans chaque genre, d'observer que la France en a épuisé plusieurs éditions, & que ces quatre Traités ont été traduits dans plusieurs Langues sçavantes.

Les ouvrages réduits n'en imposent pas autant que les ouvrages plus amples. Ils sont cependant le signe des génies vastes, parce que pour bien réduire une matiere, il faut en comprendre supérieurement toutes les parties.

Notre Sçavant instruisoit & pratiquoit. Le soin de composer, les occupations de son état, ses affaires personnelles, & même les attentions qu'on doit à sa santé, ne le détournoient pas du cours de ses observations. Celles qu'il a rendues publiques pendant l'année 1744, regardent l'occultation de Vénus par la Lune, & la hauteur solsticiale du Soleil au mois de Juin de cette même année.

On trouve encore dans les Mémoires de l'Académie d'autres observations

B ij

qu'il a faites sur le Soleil apogée, sur Arcturus, sur l'occultation de plusieurs Etoiles du Verseau par la Lune, sur le passage du Soleil par le parallele de la premiere & de la troisiéme Etoile du Baudrier d'Orion, sur Procyon & sur le Soleil dans ses moyennes distances, enfin sur la hauteur du bord supérieur du Soleil dans le Tropique du Capricorne.

Il publia l'année suivante d'autres observations, d'où il tira des inductions pour déterminer la conjonction de Saturne & de Mars, & leur opposition au Soleil; il rechercha les distances moyennes du Soleil pour en déduire la plus grande équation, & détermina la hauteur solsticiale du bord supérieur de cet astre. Il composa un Mémoire sur l'occultation de l'Epi de la Vierge par la Lune.

On ne doit pas considérer ces observations comme de simples spéculations propres à satisfaire une sçavante curiosité. Toutes celles don. M. de la Caille a fait part à l'Académie, avoient pour objet, ou de correspondre à quelque opération des anciens Astronomes, ou de servir à l'instruction de la postérité.

Le plus beau privilege de l'Astronomie est de pénétrer dans l'avenir avec le secours du calcul. Les Anciens regardoient ce secret comme une émanation de la science divine : c'est une ambition commune à tous les hommes de lire dans les tems à venir, ce qui doit s'y passer. Cette ambition a été le principe de la réputation que les Astrologues se sont acquise pendant les siécles d'ignorance, aux dépens de la crédulité du peuple. Cependant ceux-ci établissoient sur des régles arbitraires leurs prédictions. L'on aimoit à se faire illusion, & l'on prenoit plaisir à les croire.

L'Astronomie moderne, plus sçavante & plus éclairée, distingue ce qui appartient aux décrets du Créateur, d'avec ce qui regarde le cours des Astres, la succession des saisons, des jours, des années; elle prédit les Eclipses, les phases, les conjonctions, le retour des Cometes; mais elle admire la sagesse de l'Etre suprême, sans entreprendre de la fonder sur les événemens de la vie. M. l'Abbé de la Caille avoit une connoissance de l'état du Ciel, qui embrassoit le passé & l'avenir.

En 1746 il publia la premiere partie de ses Ephémérides, qui comprend dix années. Il les a continuées depuis, jusqu'en 1757. Il ignoroit que cet intervalle comprenoit un jour qui devoit être celui de sa mort. Quand il l'eût connu, il n'en auroit conçu ni joie, ni déplaisir. La vie qu'il menoit ne le lui faisoit ni desirer, ni craindre. Le public prenoit plus de part à sa conservation que lui-même; sa mort nous a privé de la suite de ces Ephémérides qu'il auroit continuées. On en a une espece de supplément dans la Table Chronologique qu'on a placée à la tête de l'Art de vérifier les Dates. Cette Table finit en 1800. Il en a composé la partie des Eclipses, qui est la plus importante. Voici ce qui lui fit entreprendre cette pénible opération.

Les sçavans Auteurs de l'Art de vérifier les Dates avoient compilé une suite Chronologique de 1800 ans d'Eclipses dans divers Ecrits anciens & modernes : travail immense, qu'ils firent passer à M. de la Caille. Celui-ci reconnoissant les sources où ils avoient puisé, conçut que ces sources pouvoient contenir bien des erreurs, parce que les Auteurs des compilations n'étant pas Astronomes, ils n'avoient pû vérifier les observations qu'ils rapportoient.

L'utilité que devoit procurer une pareille collection, si elle étoit exacte, détermina M. l'Abbé de la Caille à vérifier par le calcul la suite des observations d'Eclipses depuis l'an 1. de l'Ere Chrétienne jusqu'en 1800. Il sacrifia cinq semaines entieres de son tems à cette pénible opération, à quinze heures de travail par jour.

Les Auteurs qui avoient soumis leurs compilations à ses lumieres, ne soupçonnerent pas ce qui étoit arrivé. Lorsque le travail de l'Académicien leur fut rendu, ils supposerent que le célèbre Astronome tenoit ses Tables toutes prêtes depuis plusieurs années, & qu'il avoit employé les cinq semaines à les revoir.

On peut se former une idée de ce travail en se figurant qu'il étoit question de calculer toutes les Eclipses de Soleil & de Lune, totales & partiales, qui avoient été vûes en Europe, depuis l'année de la naissance de Jesus-Christ jusqu'en 1746, & de prédire les autres Eclipses qui devoient arriver jusqu'à l'an 1800. Que de difficultés à revenir sur des siécles d'obscurité & d'ignorance, où des Sçavans du premier ordre s'étoient égarés! L'Abbé de la Caille n'a pas seulement donné le dénombrement de ces

Eclipses, il a marqué l'heure & le méridien de chacune par le méridien de Paris.

Il remit ses calculs, sans penser qu'on lui en auroit obligation, & il trouva mauvais, quand l'ouvrage parut, qu'on l'eût nommé à la seconde page de la Préface. On doit regarder le calcul des Eclipses, comme un des plus importans services qu'on ait rendus à l'étude de la Chronologie. Il offre un moyen sûr de fixer les époques des grands événemens.

A mesure que M. l'Abbé de la Caille enrichissoit la République des Lettres par ses observations & par ses écrits, sa réputation prenoit de nouveaux accroissemens. Les Sçavans le considéroient comme un sujet doué de talens supérieurs dans sa partie : mais le public, toujours extrême dans ses jugemens, le regardoit comme un génie unique, à qui rien n'étoit caché de tout ce qui avoit la moindre connexion avec la science qu'il professoit.

Il m'a raconté que des personnes distinguées, peu éclairées sur le véritable objet de l'Astronomie, l'avoient consulté plusieurs fois avec toute la bonne foi possible, les unes sur l'issue d'un procès considérable, les autres touchant le tems de leur mort, sur la vie que leurs enfans devoient mener, s'ils seroient malheureux ou favorisés des dons de la fortune ; espece d'injure faite à sa probité, à sa candeur & à son profond sçavoir.

Quoique vif de caractere & peu patient, sur-tout lorsqu'on lui proposoit des questions opposées au bon sens, il écoutoit tranquillement les doutes & les sujets d'inquiétude qu'on lui exposoit. Il varioit ses réponses suivant les circonstances, & se faisoit un principe de charité de calmer les inquiétudes, & de tranquilliser les esprits, à proportion qu'ils s'écartoient de la droite raison. Le nombre de ceux qui ne sçavent pas distinguer l'Astronomie de l'Astrologie, est encore plus grand qu'on ne pense.

Non-seulement on le consultoit sur l'Astrologie, sa vie a été un objet de recherches pour cette science. Pendant son séjour au Cap, un Italien expert en Astrologie, s'informa du tems de sa naissance, consulta ses Ephémérides, & fit son horoscope, dans le dessein de calmer les inquiétudes d'un de ses amis qui craignoit pour sa santé & pour sa vie. Le jugement de cet Astrologue portoit, que la vie de notre Sçavant seroit exposée à de grands dangers, qu'il en échapperoit, & qu'il reviendroit victorieux en France, après avoir fait la conquête d'une partie du Ciel. Cette prédiction, qui ne lui a été d'aucune utilité pendant son absence, l'a beaucoup réjoui depuis son retour du Cap.

M. de la Caille n'avoit pas l'ambition, où la fausse délicatesse de la plûpart des Auteurs qui veulent passer pour créateurs dans tout ce qu'ils exécutent. Par-tout où il voyoit une apparence d'utilité pour la société, ou pour les Lettres, il y portoit ses soins, soit que le sujet eût été ébauché, ou traité imparfaitement, soit qu'il fût question d'extraire des vérités importantes d'un écrit diffus, ou de tirer de l'oubli des faits contenus dans des ouvrages ignorés.

Le Pere Feuillée, Minime, avoit fait en 1724 un voyage aux Isles Canaries, afin de déterminer la vraie position du premier méridien. La relation de ce voyage contenoit des particularités remarquables qui n'avoient pas été publiées. M. de la Caille donna cette relation par extrait en 1746. Il mit au jour toutes les circonstances utiles de cet écrit, relativement à l'Astronomie, à la Géographie & à l'Histoire Naturelle. Si ce travail ne lui a pas inspiré le dessein de son voyage au Cap, il paroît au moins y avoir contribué. La relation de ce dernier voyage est sur le même plan que son extrait du Pere Feuillée. La justesse qui caractérise ses autres ouvrages, paroît dans cet extrait : on y trouve des inductions que le Pere Feuillée avoit oubliées.

En 1593, on avoit observé à Zerbst, dans la Principauté d'Anhalt, une Comete dont l'apparition pouvoit être d'un grand secours à l'Astronomie. M. de la Caille en ayant connu le prix, en donna la théorie à l'Académie en 1747, avec la même exactitude que s'il l'eût lui-même observée.

Waltherus avoit fait, sur la fin du quinziéme siécle, des observations à Nuremberg. M. de la Caille examina à fond les observations de ce Sçavant, parce qu'il y trouvoit d'excellentes choses touchant la théorie du Soleil. Il ne se contenta pas d'une simple notice des opérations de cet Ancien : il composa un Mémoire dans lequel il tira tout le parti possible du travail de Waltherus, relativement à la théorie du Soleil dont il donne les élémens. Il y détermine la hauteur du pôle à Nuremberg, & l'obliquité de l'Ecliptique, relativement au tems des observations de Waltherus; il fixe le lieu du Soleil, en détermine les mouvemens, & donne l'époque du moyen mouvement du Soleil au commencement de l'an 1500. Il y joignit des recherches de la plus grande équation du Soleil, & par conséquent de la plus grande excentricité de son orbite. Ce qu'il a fait sur Waltherus, il auroit pû l'exécuter sur les opérations connues de tous les Anciens, à l'appui d'une érudition immense, qu'il avoit acquise par une lecture continuelle. Il fit part en 1749 à l'Académie de son Mémoire sur Waltherus.

Ses observations de l'année 1746 roulent sur l'occultation d'Alcyone, l'une des sept Pléiades, arrivée le 3 Janvier : sur l'opposition de Saturne au Soleil : sur la hauteur solsticiale du bord supérieur du Soleil dans le Tropique du Cancer.

Les Cometes font des aftres errans, diftingués des Planetes & des Etoiles fixes. Une queue de feu femblable à une chevelure enflammée, en eft la marque, & comme le caractere. Ces corps lumineux ont long-tems effrayé le monde par leur apparition. Ils paffoient pour des préfages finiftres, & pour les avant-coureurs des calamités publiques. Préfentement la Phyfique a tranquillifé les efprits ; mais l'Aftronomie ne les a pas encore tout-à-fait éclairés.

En 1746, M. de la Caille compofa un écrit fur la théorie des Cometes, dans lequel il préfente une méthode facile d'en calculer les élémens fur le choix des obfervations. Il détermine ce choix & le degré de certitude qui réfulte de fa théorie. Il donne des régles pour calculer l'orbite des Cometes. Il fait l'application de ces régles à une Comete qui avoit paru en 1744, & qu'il avoit attentivement obfervée.

Les Tables de M. Halley sur les Cometes, sont une production qui fait beaucoup d'honneur à ce célébre Astronome. M. de la Caille, après un examen sérieux de cette Table, y trouva des inconvéniens. Il en dressa une autre plus simple & plus certaine, qui rend les opérations sur les Cometes bien plus faciles.

Les Mémoires de l'Académie contiennent les détails d'un grand nombre d'observations, que notre sçavant a faites pendant les années 1747, 1748 & 1749, sur la conjonction de Mars & de Saturne, sur l'inclinaison de l'orbite de Saturne, sur plusieurs Eclipses de Lune, sur l'ascension droite de plusieurs astres, sur Procyon, sur Régulus, sur diverses Etoiles des Pléïades & du signe de la Balance, sur les hauteurs solsticiales du Soleil, sur l'opposition de diverses Planetes, &c.

Nous renvoyons aux Mémoires de l'Académie, même pour les titres de la plûpart de ses observations : je les omets, tant elles sont nombreuses. Dans les éloges des grands hommes, on est obligé de supprimer beaucoup de traits qui brilleroient dans le récit de la vie d'un homme ordinaire. Dans une plaine étendue, la vûe ne peut pas tout fixer ; tel objet arrête les regards dans un tableau de païsage, qu'on néglige dans le plan visuel d'une grande ville. Le détail des observations de M. de la Caille nous le dépeignent comme un Argus qui voyoit tout dans le Ciel. Dans la foule des Corps célestes, il s'attachoit à ceux dont l'observation devoit instruire ses Contemporains, ou servir d'explication à divers points obscurs de l'ancienne Astronomie. La moindre découverte qu'il a publiée, est un fait important dans les annales du Ciel.

Les Géographes partagent le globe de la terre en deux hémisphères ; l'un représente le monde ancien, l'autre est la Carte du Nouveau-Monde, qui a été découvert par Christophe Colomb. Les Astronomes considèrent l'immense étendue des Cieux comme un globe concave, qu'ils divisent en deux hémisphères. Ils nomment l'un, hémisphere septentrional, & l'autre hémisphere austral. L'hémisphere septentrional est l'ancien monde céleste; l'hémisphere austral est un nouveau monde dont on doit la Carte à M. l'Abbé de la Caille.

Il y a cette différence entre les découvertes de Colomb & celles de M. de la Caille, que le premier n'a fait qu'appercevoir un Continent oublié depuis une suite de siécles ; effet du hazard : au lieu que notre Sçavant a donné une description exacte de l'hémisphere austral. Il y a créé des Constellations, & a renouvellé celles qu'on y avoit introduites.

La mission de M. de la Caille au Cap de Bonne-Espérance, s'exécuta ainsi. Il avoit conçu depuis plusieurs années le dessein de donner des principes sur l'Astronomie, qui demandoient une connoissance complette des deux hémispheres célestes. Après avoir fait en Europe les observations relatives à son objet sur l'hémisphere septentrional, il chercha les moyens d'acquérir sur l'hémisphere austral, les connoissances qui lui manquoient, & à tous les Astronomes du monde sçavant.

Le Cap de Bonne-Espérance, estimé l'endroit le plus austral de notre hémisphere, lui parut le plus propre à l'accomplissement de ses vûes. Le Méridien du Cap passe par le milieu de l'Europe; l'air y est plus pur & plus serein que dans aucun des établissemens que les Européens ont formés au-delà de la Ligne. Il jugea qu'outre l'avantage de déterminer les positions des plus belles Etoiles australes, un Astronome pouvoit faire au Cap d'autres observations intéressantes, celles, par exemple, de la parallaxe de la Lune & des Planetes, celles de la longueur du Pendule simple à secondes, celles de la longitude & de la latitude, & de quelques points importans, pour perfectionner la Géographie & les Cartes Marines.

Il proposa ses vûes à l'Académie qui en saisit toute l'utilité. Le Gouvernement fit offre à notre Sçavant de tous les secours qui lui seroient nécessaires. Il ne lui restoit plus de difficultés à vaincre que celle de s'expatrier, jointe au danger des mers, à la longueur de la route; le risque de ne pouvoir pas supporter les influences d'une nouvelle température, l'incertitude même de remplir son objet, par le concours des obstacles qui pouvoient survenir.

Les Lettres ornent l'esprit & inspirent des sentimens : elles donnent rarement cette intrépidité qui fait affronter les dangers. Elles enseignent à peindre, ou à raconter les naufrages & les combats ; il est bien rare qu'elles fassent naître la résolution de s'y exposer.

HISTORIQUE.

M. l'Abbé de la Caille sacrifia au bien public les considérations qui pouvoient déranger son plan. Il comprit que l'entreprise demandoit son expérience, sa probité & sa santé. Le moment où il prit son parti, est le seul de sa vie où il se soit fondé pour connoître les forces de son génie, & où il ait fait un retour sur ses talens. Il arrêta son voyage, & combattit les importunités de ses amis, qui le pressoient de remettre une commission si périlleuse.

Dans ses préparatifs, M. de la Caille n'épargna rien de ce qui pouvoit contribuer à la perfection de son travail : il n'oublia que le soin de lui-même. Il établit diverses correspondances, & donna avis dans les Journaux, de la maniere dont il devoit opérer, afin de procurer à tous les Astronomes la facilité de faire des observations correspondantes aux siennes. Il se munit des instrumens les plus parfaits, & prit avec lui un habile ouvrier, afin de les monter & de les rectifier lorsqu'il en seroit besoin.

Le 21 Octobre 1750, il partit de Paris pour l'Orient où il devoit s'embarquer. Les souhaits les plus heureux lui furent offerts, & par l'Académie, & par tous ceux qui sçavoient estimer le mérite. Il arriva à l'Orient le premier Novembre, il y demeura jusques au 21 du même mois, qu'il partit du port à sept heures & demie du matin, sur le Vaisseau le *Glorieux*, commandé par M. d'Après. Le mal de mer le prit à dix heures, & lui dura trois semaines. Ce mal le tourmenta avec tout l'excès des rigueurs qu'il peut exercer: situation cruelle qu'on ne plaint pas assez, quoiqu'elle provoque un dégoût général, & comme une agonie continuelle dans ceux qu'elle affecte.

Trois semaines de navigation conduisirent le Vaisseau le *Glorieux* aux Isles du Cap Verd. Ce Vaisseau avoit à sa suite un petit Bâtiment qui le retarda dans fa route. Arrivés près de la Ligne, les deux Vaiffeaux effuyerent un calme de dix-huit jours, & par un furcroît de difgrace, le petit Bâtiment faifoit une voie d'eau confidérable, étant mal carené. Cette derniere circonftance mit nos Navigateurs dans la néceffité de relâcher à Rio-Janéiro, fur les côtes du Bréfil. Ils entrerent dans la Baye de cette Ville le 25 Janvier 1751; le radoub du petit Bâtiment dura un mois.

M. de la Caille ne fut pas oifif pendant ce féjour. Il fit des obfervations de toute efpece, fur la hauteur du Pôle, fur la déclinaifon de l'Aiguille aimantée, fur la longitude, fur la longueur du Pendule, &c. On leva l'ancre le 25 Février, & l'on arriva le 30 Mars à la vûe du Cap de Bonne-Efpérance. On n'entra cependant à la rade que le 19 Avril.

Notre Aftronome fut reçu au Cap comme un Député de la République des Lettres. Il employa fix femaines à construire un Observatoire solide & commode. La fin de cet établissement a été le signal de ses travaux.

Jamais mission n'a été remplie avec autant de scrupule que la sienne. Il se croyoit responsable au public, à l'Académie & au Gouvernement de tous ses momens. Un travail pénible & assidu n'a pas cessé de l'occuper pendant le tems de son séjour au Cap.

En partant de Paris, il s'étoit proposé trois objets principaux. 1°. De déterminer les positions des plus belles Etoiles australes, & de toutes celles de la 1, 2, 3 & 4ᵉ grandeur, qui sont voisines de l'Ecliptique. 2°. D'observer la parallaxe de la Lune, de Mars périgée, & de Venus en conjonction inférieure. 3°. D'établir la position du Cap de Bonne-Espérance, qui est un des points les plus importans de la Géographie. Il comptoit à son départ qu'une année révolue lui suffiroit. Le séjour de Rio-Janéiro, & les six semaines qu'il mit

mit à construire son Observatoire, dérangerent ce plan.

Il commença ses observations le 10 Mai 1751, par la parallaxe de la Lune, & les continua jusqu'au 26 Février 1752. Il observa Vénus, depuis le 25 Octobre 1751, jusqu'au 25 Novembre suivant, & la Planete de Mars, depuis le 31 Août 1751, jusqu'au 9 Octobre. Il reprit ses opérations sur la parallaxe de la Lune au mois de Mars, & les conduisit jusqu'au mois d'Octobre suivant. Dans l'intervalle de ses observations, il donnoit ses attentions à tous les objets qui méritoient d'être examinés, à ceux surtout d'où la Géographie & la Physique pouvoient tirer quelqu'avantage. Il envoya les détails de ses premieres opérations à l'Académie, avant son retour.

La connoissance complette de l'hémisphere austral, & des Etoiles qui le composent, étoit le grand œuvre auquel M. de la Caille devoit consacrer ses veilles : champ fertile dont on avoit à peine défriché quelques portions.

Ptolémée qui vivoit en Egypte, avoit donné un Catalogue d'Etoiles auſtrales; mais ce Catalogue eſt incomplet.

Des Navigateurs Portugais avoient tracé le plan de pluſieurs Conſtellations, mais ſi groſſiérement, que l'Aſtronomie n'en retiroit aucun profit.

En 1677, M. Halley, célébre Aſtronome Anglois, étoit paſſé dans l'Iſle de Sainte-Hélene, pour y dreſſer une Carte céleſte de l'hémiſphere auſtral. Il n'obſerva que 350 Etoiles dans un monde preſque nouveau. Il créa une Conſtellation; mais il déroba pour la former, de brillantes Etoiles de la premiere grandeur, à des Conſtellations anciennes. Il donna à la nouvelle Conſtellation le nom du Roi ſon Souverain. Les Lettres qui ne condamnent pas l'hommage qu'on rend aux Grands, improuvent la conduite de ceux qui ſe parent des dépouilles d'autrui pour acquérir des diſtinctions.

Au commencement de ce siécle, M. le Baron de Krosick avoit chargé le Prussien Pierre Kolbe d'une commission pareille à celle de M. de la Caille. Kolbe n'avoit pas rempli les vûes du Seigneur Allemand qui l'avoit employé.

Ainsi l'on n'avoit que des Descriptions ébauchées de l'hémisphere austral, lorsque M. de la Caille partit pour le Cap. Ces descriptions laissoient tout le mérite de la découverte au premier Astronome, qui entreprendroit de donner en grand le tableau de cet hémisphere.

M. de la Caille commença à observer les Etoiles australes le 6 Août 1751. Il continua jusqu'au mois d'Août de l'année suivante 1752. Dix-sept nuits pleines, & cent dix séances, à huit heures de nuit chacune, lui dévoilerent un spectacle charmant. Il reconnut & vit dans tout leur éclat, de grandes Etoiles, que les Astronomes d'Europe ne connoissoient que par leurs figures nébuleuses. Il en vit briller de nouvelles, parées de toutes les graces de l'éclat le plus intéressant. Placées aux deux côtés du Zénith, ces Etoiles imposoient par leur situation, une tâche pénible à ceux qui desiroient les observer. Il falloit être debout, la tête renversée, sans quitter le tuyau de la Lunette, pour les considérer.

Notre Sçavant prit à ce sujet une résolution héroïque ; il se détermina à soutenir cette espece de torture ; & afin d'en tirer tout le parti possible, il dressa ses instrumens de maniere à s'assurer de la route de toutes les Etoiles qu'il avoit dessein d'observer.

Resserrées dans le passage, comme dans un défilé, l'Observateur ne devoit manquer aucune de ces Etoiles. M. de la Caille n'avoit porté ses premieres vûes que sur les Etoiles des quatre premieres grandeurs. Trouvant l'occasion favorable, il résolut d'assujettir à son ca-

HISTORIQUE. 53

eut celles de la cinquiéme, de la sixiéme & septiéme grandeurs.

Ce travail lui coûta des peines infinies : il eut d'abord le sommeil à combattre dans des circonstances qui sembloient le provoquer (*a*). A l'issue de chaque séance, il lui falloit comparer toutes les Etoiles observées, à deux Etoiles des plus remarquables, dont il devoit déterminer la position par de nouvelles observations. Après quelques heures de repos, il rédigeoit pendant le jour les opérations de la nuit.

Le 7 Février il s'éleva au Cap un brouillard épais & mal-sain. Ce brouillard fut suivi d'une épidémie générale qui causa des rhumes, des fièvres, des courbatures, des rhumatismes, des maux de tête, & toutes les espèces d'incommodités qui ont coutume d'annoncer les maladies d'humeur. L'Abbé de

(*a*) Voyez la note sixiéme à la fin du Discours.

C iij

la Caille éprouva toutes les suites de cette intempérie.

Il suivit un régime rigoureux, & revint en santé au même mois de l'année 1752, que celui de l'année 1762, où il est mort. Nous remarquerons bientôt que la cause des deux maladies étoit la même. Il eut d'autres incommodités moins considérables, qui ne le détournerent point de ses observations, quoiqu'elles fussent sérieuses.

Dans une Lettre qu'il écrivit du Cap à M. Maraldi, il parle de deux saignées qu'on lui avoit faites, & qui cependant n'avoient pas interrompu le cours de ses observations. Le 23 Septembre 1753, il fut attaqué d'une dyssenterie violente, qui n'interrompit pas le cours de ses travaux ; il trouva sa santé dans une diette, sans manger ni boire l'espace de cinquante heures.

Dès que M. de la Caille eut achevé son Catalogue des Etoiles australes, il compara ce Catalogue avec le Planisphere dressé par M. Halley en 1677. Il trouva que son fond surpassoit de 9450 Etoiles celui de l'Astronome Anglois; richesses immenses, bien propres à réparer l'extrême appauvrissement qui sembloit dégrader l'hémisphere austral sur les globes.

Les Astronomes subdivisent chaque hémisphere céleste en un certain nombre de Constellations qui sont comme les Provinces d'un grand empire. Chaque Constellation contient plusieurs ordres ou classes d'Etoiles qu'ils nomment premiere, seconde.... sixiéme grandeur. Les Etoiles, trop petites pour être observées, perdent l'avantage de figurer sur nos globes, & d'occuper une place dans l'esprit des Astronomes: empire immense dont la vaste étendue effraye l'entendement, lorsque la réflexion nous fait connoître que chaque Citoyen de cet empire est comme un monde, même plus qu'un monde, si chaque Etoile fixe est un Soleil, comme il est vraisemblable.

Après avoir examiné le Planifphere dreffé par M. Halley, de même que les obfervations de Ptolémée & celles des Pilotes Portugais, M. de la Caille trouva place pour quatorze nouvelles Conftellations mieux fournies & plus exactes que les anciennes. Il falloit défigner ces Conftellations par de nouveaux noms.

C'étoit pour l'Aftronome une occafion unique & légitime de faire des progrès rapides dans le chemin de la fortune, en appliquant à chaque Conftellation le nom d'un Monarque, ou d'un Grand du premier ordre. Il avoit dans l'Antiquité des exemples d'une telle conduite. Celui de M. Halley, qui avoit nommé Arbre ou Chêne de Charles, *Robur Carolinum*, fa nouvelle Conftellation pour faire fa cour au Roi d'Angleterre, étoit récent.

Il auroit pû confacrer au Roi fon Maître la plus belle des quatorze Conftellations, & choifir treize autres noms parmi ceux des Souverains, ou des Grands de l'Europe qui accordent aux Sciences une protection marquée. Ce plan eût été trop recherché pour un homme aussi simple. Il en conçut un tout différent, auquel l'intérêt & la flatterie n'avoient aucune part. Il jugea à propos de consacrer aux Arts ses nouvelles Constellations.

Il nomma la premiere l'*Attelier du Sculpteur* ; la seconde, le *Fourneau Chimique* ; l'*Horloge à Pendule*, la troisiéme ; *Réticule Romboïde*, la quatriéme ; *le Burin du Graveur*, la cinquiéme. Il désigna la sixiéme sous la figure du *Chevalet du Peintre*, avec sa palette. Il appella *Boussole* ou Compas de mer la septiéme ; il représenta la huitiéme sous la figure de la *Machine Pneumatique*, accompagnée de son récipient. Il plaça au centre de l'hémisphere une neuviéme Constellation qu'il nomma l'*Octans* ou Compas de réflexion. Le *Compas du Géometre*, l'*Equerre* de

C v

l'Architecte, le *Télescope* de l'Astronome & le *Microscope*, servirent de signes aux 10ᵉ, 11ᵉ, 12ᵉ & 13ᵉ Constellations. Il nomma enfin *Montagne de la Table*, la quatorziéme Constellation.

Ce choix d'emblêmes étoit sans difficulté le plus convenable. L'Architecture, la Sculpture, la Gravure & la Peinture sont des Arts d'une utilité journaliere dans la société. La Chimie & la Physique expérimentale offrent des ressources intarissables pour les commodités de la vie & pour la santé. La Géométrie, l'Astronomie & la Navigation exigeoient les égards d'un Sçavant qui cultivoit ces Sciences avec tant de succès. Le Réticule Romboïde est un petit instrument astronomique, construit par l'intersection de quatre droites, tirées de chaque angle du quarré, au milieu de deux côtés opposés. M. de la Caille en fit un signe, en reconnoissance de ce qu'il lui avoit été d'un grand secours à dresser le Catalogue de ses

Étoiles. La montagne de la Table est l'une des plus considérables de celles du Cap de Bonne-Espérance. Elle est remarquable par l'applatissement de son sommet, & par un nuage blanc qui vient la couvrir comme une nappe.

Si nous comparons cette belle ordonnance des nouveaux signes avec les noms & la disposition de ceux des anciens Planispheres, on reconnoîtra d'un côté la raison, le désintéressement, la noblesse des sentimens : de l'autre, les écarts d'une imagination excitée par des vûes d'intérêt, des rêveries, des songes d'enfans, des idées fausses ou obscurcies par les traits de la Fable.

Les anciennes Constellations de l'hémisphere austral avoient besoin d'une réf．．．．．érale. L'ordre que Bayer y avé．．．．i, ne se rapportoit plus aux nouvelles observations. Bayer n'avoit pas pris la peine d'observer, avant de distribuer ses Etoiles. Il avoit dressé son Planisphere sur le Catalogue de Ptolémée, & fur les remarques des premiers Pilotes Portugais. M. de la Caille refondit l'ouvrage de Bayer, & rétablit les Constellations de l'Eridan, du grand Chien, de l'Hydre femelle & du Sagittaire. Il divisa en trois parties la belle Constellation du Navire, composée de plus de 160 Etoiles, toutes faciles à distinguer. Il nomma *Pouppe*, la premiere partie du Navire, *Corps* la seconde, & *Voilure* la troisiéme. Il fit une classe particuliere des Etoiles nébuleuses.

A l'égard de la Constellation imaginée sans nécessité par le Philosophe Halley, M. de la Caille fit main-basse sur toutes ses parties. M. Halley avoit ôté neuf Etoiles à la Constellation du Navire, pour composer son a[...], [a]voit choisi les plus brillantes, & [...]pris ailleurs trois autres Etoiles d'un bel éclat. M. de la Caille rendit au Navire ses neuf Etoiles, & rétablit les trois autres dans la place qui convenoit à chacune. Ainsi le *Robur Carolinum* fut anéanti, comme un nuage que le Soleil dissipe, sans que l'emphase de son nom ait pû l'en préserver.

C'est ainsi que M. l'Abbé de la Caille renouvella l'hémisphere austral, & qu'il exerça des prétentions que l'Astronomie avoit formées depuis plusieurs siécles, & qu'elle avoit différées, à cause des difficultés de l'entreprise : espece de conquête qui étendit les bornes de l'empire de l'Astronomie, & qui mit le comble à la réputation de notre Sçavant.

Quelqu'immenses que fussent les occupations qui faisoient l'objet principal de sa mission, il trouvoit le tems de les entre-mêler & de les varier par d'autres opérations. On a de lui un grand nombre d'observations faites au Cap sur les réfractions astronomiques, sur la hauteur méridienne du Soleil & des Etoiles, sur l'opposition de Saturne & de Mars au Soleil, sur les Eclipses de Lune, & sur les Eclipses des Etoiles par la Lune. Il a mefuré avec beaucoup de fatigue un degré du Méridien, à travers des plaines de fable où il enfonçoit fouvent jufques aux genoux. La mefure qu'il a prife du 34e degré de latitude auftrale, a été d'un grand fecours aux Géographes, pour déterminer la figure de la terre. Elle femble prouver que cette figure eft irrégulièrement applatie. Il a fait auffi des recherches fur la direction de la Méridienne, fur les vents, fur les faifons, fur la température, fur les orages, fur les tonnerres, & fur les pluyes, fur le Barometre fur la hauteur du Mercure dans le Barometre, fur les crépufcules & fur l'Aimant; fur l'heure & fur la hauteur de la marée, &c. Il en a préfenté fon rapport à l'Académie, avec une Carte des environs du Cap qu'il a levée. Cette Carte manquoit à la Géographie, celle de Kolbe étant entiérement fauffe. Le rapport & la Carte ont été inférés par l'Académie, dans fes Mémoires de 1751.

M. de la Caille n'a pas négligé l'Histoire naturelle pendant son séjour au Cap. En parcourant le pays, il avoit soin d'examiner les plantes, les arbres, les fleurs, les simples, les oiseaux même, les reptiles, les insectes, & toutes les especes d'animaux. Ses observations ont tourné au profit de sa patrie.

Il a envoyé au Jardin du Roi un grand nombre d'oignons, de plantes, de graines, de racines inconnues en Europe. Feu M. de Jussieu lui a plusieurs fois rendu publiquement la justice d'avoir enrichi le Jardin du Roi de trésors précieux. Il a aussi pris la peine de faire dessécher des oiseaux rares & singuliers par leur figure & par leur plumage, & en a rempli un coffre qu'il a fait partir du Cap, à l'adresse de M. de Réaumur. Cette caisse a été perdue dans le trajet du Cap en Hollande. Il a rapporté du Cap un grand nombre de Coquillages & de Pierres singulieres, & une peau d'âne sauvage, qu'on voit au Cabinet du Jardin du Roi.

Sur la fin de son séjour au Cap, M. de la Caille reçut des ordres de la Cour, qui l'obligeoient de passer aux Isles de France & de Bourbon, afin de lever la Carte des lieux. Cette opération prolongea son absence. Le tems de son départ ayant été fixé, il s'appliqua à vérifier tous les points de division de ses instrumens, & disposa ce qu'il devoit rassembler.

Il avoit la permission de faire passer en France toutes ses malles, sans être sujettes au droit de visite. Il pouvoit se procurer un gain immense, à la faveur de cette permission. L'on crut à son départ qu'il ne manqueroit pas de profiter de l'occasion. L'on fut très-surpris, lorsqu'au lieu de marchandise, on lui vit remplir de paille une valise fort large, dans laquelle il plaça quelques instrumens. Un Particulier lui offrit cent mille livres comptant, s'il vouloit lui transmettre son privilege, & lui prêter son nom. Il s'engagea au secret, & lui démontra presque que la permission qui lui avoit été accordée, supposoit qu'il commerceroit par un canal étranger. L'Abbé répondit qu'il ne pouvoit accepter son offre, ni en qualité d'Ecclésiastique, ni en qualité d'honnête homme : qu'il s'en retourneroit comme il étoit venu.

Le 8 Mars 1753, M. l'Abbé de la Caille s'embarqua à bord du Vaisseau François *le Puisieulx*, destiné pour la Chine. Ce Vaisseau devoit relâcher aux Isles de France & de Bourbon. Pendant sa traversée du Cap à l'Isle de France, il fit l'expérience d'une méthode à l'usage des Marins, pour trouver sans embarras la longitude en mer. Cette méthode qu'il a insérée dans ses Ephémérides & dans un autre ouvrage, est l'un des plus importans services qu'il ait rendus à l'humanité. Avant cette découverte, il falloit, pour trouver la longitude, des calculs immenses qui passoient la portée de tout Marin d'une capacité ordinaire, de façon que dans un équipage, à peine trouvoit-on deux personnes en état d'opérer. Avec l'inftruction de M. de la Caille, tout Marin initié dans le calcul, a la facilité de trouver promptement les longitudes en mer. Le Vaiffeau le *Puifieulx* arriva à l'Ifle de France le 18 Avril, quarante jours après fon départ du Cap.

Les opérations de M. de la Caille à l'Ifle de France, font rapportées dans les Mémoires de l'Académie de l'année 1754, & dans fon Journal hiftorique. Il féjourna neuf mois dans cette Ifle. Il en partit le 16 Janvier 1754, & arriva le lendemain à Saint-Denis de l'Ifle de Bourbon. Après avoir rempli l'objet de fa miffion, il partit de cette Ifle le 27 Février 1754, fur le Vaiffeau l'*Achille*, qui revenoit en France.

Le 15 Avril fuivant, ce Vaiffeau mouilla à l'Ifle de l'Afcenfion, efpece de butte en pleine mer, compofée de plufieurs montagnes, & formée par un Volcan. Elle eft couverte d'une terre rouge semblable à de la brique pilée. Sa capacité est un gouffre qui retentit d'un bruit sourd & confus, lorsqu'on frappe le sol auprès des bords du Volcan. M. de la Caille ne demeura que cinq jours dans cette Isle. Il y fit ses observations, & en détermina la position; point important aux Vaisseaux qui retournent de l'Inde en Europe. Le 20 Avril, il se rembarqua sur l'*Achille*, & arriva au Port de l'Orient le 4 Juin, à deux heures & demie du soir, après une heureuse navigation.

Il demeura à l'Orient jusqu'au 17, en repartit, & arriva à Paris le 28, après une absence de trois ans huit mois.

Il entra dans la Capitale avec cette modestie qui accompagne ordinairement le rare mérite. Tout autre Sçavant auroit paru en triomphe pour recueillir des suffrages justement mérités. L'Abbé de la Caille se cacha dans le sein de ses amis, & ne se montra que par degrés, fuyant les éloges comme on évite le blâme.

Le Public l'attendoit à la rentrée de l'Académie d'après la Saint Martin, comme on attend un astre à son passage. Il y parut, embarrassé de son maintien & de toute sa personne. Cette simplicité de mœurs piquoit de plus en plus la curiosité & les sentimens de ceux qui venoient pour jouir de sa présence. La modestie des Sçavans du premier ordre est pareille à la vertu d'une jeune beauté, qui rougit des hommages qu'on lui rend, & des empressemens qu'on lui témoigne.

Il étoit agréable à ses amis, confondus dans une foule sçavante, d'entendre les éloges qu'on lui prodiguoit. Les uns les comparoient à un astre qui revient sur l'horison ; les autres considéroient ses découvertes comme une conquête qui avoit étendu la sphere des connoissances humaines. Ceux-ci préféroient son expédition à celles des Conquérans qui versent le sang; ayant enrichi la Littérature d'une infinité de connoissances qui tournoient au profit de l'humanité, & qui rassuroient la navigation contre les dangers des mers. Enfin l'on établissoit des comparaisons exagérées, pour marquer le cas infini qu'on faisoit de ses talens, de son amour du bien public, & de ses découvertes.

M. de la Caille ignoroit ces propos, qui auroient mis sa modestie dans un état violent, s'il les avoit entendus.

Tant de travaux méritoient bien à notre Sçavant les distinctions de l'Etat militaire. Il accepta une gratification annuelle de 500 livres, que l'Académie lui offrit, & négligea cent moyens d'avancer sa fortune. Les bienfaits, même les plus modiques d'une Société sçavante, flattent bien plus l'amour-propre, que les trésors prodigués par des mains qui récompensent le mérite sans le connoître.

La résolution que M. l'Abbé de la

Caille avoit prise de consacrer à l'avancement de l'Astronomie tous les momens de sa vie, ne lui permit aucun repos. Semblable à ces anciens Missionnaires qui se confinoient dans des Deserts, après avoir travaillé à la propagation de la foi au péril de leur vie, il forma le dessein d'aller s'établir dans le Languedoc, ou dans la Provence.

On jouit dans ces Provinces d'un Ciel bien plus serein que dans la Capitale de la France. Ces nuages & ces tems nébuleux qui font le désespoir des Astronomes, lorsqu'ils leur dérobent la vûe des Astres au moment le plus favorable, paroissent rarement à l'extrémité méridionale de la France. Il devoit profiter de ce beau Ciel, pour compléter le Catalogue des Etoiles septentrionales, loin du tumulte & des importunités. Ses amis le détournerent de ce dessein. Les Lettres n'y ont rien perdu. Son application au travail s'est toujours soutenue dans des genres très-utiles à la société.

HISTORIQUE. 71

Depuis son retour du Cap, notre Sçavant employa ses premiers soins à rédiger ses observations, & leur compara celles de ses correspondances, afin de mettre la derniere main au grand œuvre de sa mission. Il détacha d'abord 1936 Etoiles de son Catalogue général, que l'Académie plaça dans ses Mémoires. Il différa d'en donner les observations jusques à l'année 1760, afin qu'il n'y manquât rien de ce qui pouvoit concourir à leur perfection. Cet important ouvrage est imprimé en grande partie aux frais de l'Auteur, qui n'a pas eu la consolation de le voir achevé.

Outre les deux parties de la Relation de ses Voyages, M. de la Caille a enrichi les Mémoires de l'Académie de plusieurs Pieces importantes. Ce Recueil contient un Mémoire sur les Etoiles nébuleuses australes, sur la précision de la mesure de M. Picard, diverses observations astronomiques faites à Paris en 1759, des remarques sur quelques articles touchant la théorie du Soleil, des recherches sur les réfractions astronomiques, & sur la hauteur du Pôle de Paris, avec une nouvelle Table de réfractions, & une addition à cette Table, un Mémoire sur la base de Ville-Juive, & une autre enfin sur la théorie du Soleil, qu'il lut le 20 Décembre 1757.

En 1757, M. l'Abbé de la Caille rendit public son ouvrage intitulé, *Astronomiæ fundamenta*, l'un des plus importans qui ayent paru en faveur de l'Astronomie. Cet ouvrage suppose dans son Auteur une connoissance sûre & complette des deux hémispheres célestes.

L'Avertissement est un chef-d'œuvre de diction & de précision. Il nomme ce Livre à juste titre le fruit de ses veilles, & comme le résultat de ses observations d'Europe & d'Afrique. Ce Livre contient deux parties. La premiere comprend des Tables qu'il a calculées avec
beaucoup

beaucoup de soin. Ces Tables ont pour objet de réduire ou d'accorder la position vraie des Etoiles fixes avec leur position apparente. La seconde est destinée à marquer les positions de 400 Etoiles, les plus grandes & les plus brillantes. Cette double opération conduit à une connoissance de l'état du Ciel, la plus parfaite qu'on puisse acquérir.

Cet ouvrage qui forme un Volume in-4°. est suivi d'observations sur les réfractions des Astres, & des Tables solaires du même Auteur qui parurent en 1758.

L'Académie a coutume de charger un de ses Membres de la continuation du Livre de la connoissance des Temps. Cette tâche ayant vaqué en 1758, M. de la Caille auroit eu l'agrément de l'Académie pour la remplir; mais il la refusa, probablement parce qu'il pouvoit employer son temps à des opérations plus importantes en suivant son travail. L'on récompensa ce refus d'une gratification annuelle de quatre cent livres.

En 1759, M. de la Caille présenta plusieurs Mémoires à l'Académie, sur la recherche des longitudes en mer par les observations de la Lune, sur le calcul de la route de la Comete qui parut cette année, & sur la maniere d'en déterminer les élémens.

Il forma en 1760 le dessein de déterminer un certain nombre d'Etoiles Zodiacales; & afin d'exécuter plus sûrement l'entreprise, il fit faire un instrument exprès. Il observa 600 Etoiles Zodiacales pendant les deux années 1760 & 1761. Il comptoit en donner le Catalogue dans le quatriéme Tome de ses Ephémérides qui doit bien-tôt paroître. Le Sçavant qu'il a chargé par Testament de la continuation de ses ouvrages, se propose de remplir ses vûes à cet égard.

Pendant son séjour au Cap, le public avoit presqu'épuisé les éditions de ses Leçons Elémentaires de Mathématique, d'Astronomie, de Méchanique

& d'Optique. Il revit ces ouvrages auxquels il fit des changemens & des augmentations, qui contribuerent à leur donner un nouveau degré de perfection. Il lut en 1760 plusieurs Mémoires, des observations sur la théorie de la Comete de 1759, sur les Elémens de la Comete d'Orion en 1760, & un autre Mémoire contenant des observations, & la théorie de la Comete de Lion en 1760. Il lut aussi un écrit sur la parallaxe du Soleil, par la comparaison des observations de Mars & de Vénus faites au Cap & en Europe.

Au mois de Juillet de la même année 1760, M. de la Caille avoit commencé un grand ouvrage auquel il travailloit encore lorsqu'il fut attaqué de la maladie dont il est mort. C'étoit un cours suivi d'observations de toutes les parties du Ciel, relativement les unes aux autres. Il devoit en résulter une vérification exacte de toutes les anciennes observations, & une certitude pour opérer, très-utile aux Astronomes. Ses correspondances avec les premiers Astronomes de toutes les parties du monde (a), lui donnoient une grande facilité de conduire à sa perfection ce travail qui n'avoit encore été que mal-ébauché. La continuation de cette entreprise mériteroit d'occuper un Sçavant du premier ordre.

M. Bouguer avoit mis au jour en 1756 un bon Traité sur le Pilotage, en un volume in-4°. Une maladie mortelle attaqua ce Sçavant au moment qu'il devoit publier un Traité d'Optique. M. Bouguer pria M. de la Caille de revoir son Traité du Pilotage, & le chargea par Testament du soin de reviser & de mettre au jour le Traité d'Optique. M. de la Caille répondit à ces marques de confiance. Le Traité d'Optique de M. Bouguer parut en 1760. Quant au Traité du Pilotage, l'Abbé de la Caille jugea à propos de le refon-

(a) Voyez la douzième note à la fin du Discours.

dre ; ce qu'il exécuta de maniere qu'en l'abrégeant, il l'augmenta. Il compofa fous le titre d'abrégé un nouvel ouvrage in-8°. clair & précis, contenant prefque le double des matieres de l'in-4°. qu'il avoit extrait. Ce Traité a paru en 1706, avec des Tables de Logarithmes, dont l'ordre & l'exactitude ne laiffent rien à defirer.

Le foin de retoucher les ouvrages d'autrui, eft ordinairement un facrifice qui coûte beaucoup à l'amour-propre des Sçavans du premier ordre. Nés avec les talens d'un efprit créateur, ils dédaignent de reprendre les brifées des autres. Ils aiment mieux tenter des voies qui n'ont pas encore été frayées, afin de ne partager avec perfonne la gloire à laquelle ils afpirent. M. de la Caille n'a jamais eu ce foible : la vûe de l'utilité publique a toujours été le mobile qui l'a mis en action.

Outre l'art du Pilotage, il poffédoit les parties principales de la Navigation.

Il avoit des connoissances profondes sur les loix de la mer, sur la manœuvre, & même sur la construction. Il devoit composer des Leçons élémentaires de Navigation, lorsque la mort l'a enlevé. Ces Elémens auroient paru sous la même forme & dans le même ordre que ses autres Leçons élémentaires.

Il devoit aussi concourir à la composition d'un Traité historique sur l'ancienne navigation des François. Les connoissances qu'il avoit acquises sur ce sujet, l'avoient convaincu qu'il devoit résulter, dans les circonstances présentes, un très-grand avantage de la comparaison des anciennes pratiques avec celles de nos jours. Les espérances que notre Marine avoit fondées sur ses talens, sont perdues sans retour. Ce qui doit nous rendre encore plus sensibles les regrets de cette perte, c'est que ces divers projets auroient été exécutés promptement. Il avoit l'avantage de joindre la pratique à la théorie : ses Voyages au

Cap & aux Isles lui avoient acquis une grande expérience.

Semblable à ces Astres qui paroissent plus grands sur leur déclin qu'au milieu de leur course, M. de la Caille commença de grandes entreprises la derniere année de sa vie. Il paya son tribut Académique de l'année 1761 par cinq Mémoires importans : le premier, contenant ses observations de l'année 1760 : le second, sur la parallaxe de la Lune : le troisiéme est une notice des Manuscrits du Landgrave Guillaume de Hesse. Le quatriéme contient ses observations du passage de Vénus sur le Soleil : le cinquiéme est un extrait des observations de M. de Chazelles, avec une notice des ouvrages de ce Sçavant, que l'Académie conserve dans son dépôt.

Il lut aussi dans une séance publique, un discours sur les progrès de l'Astronomie depuis trente ans. Ce discours est imprimé à la tête du quatriéme. Tome de ses Ephémérides qui va paroître.

Ses amis le sollicitoient depuis long-tems de donner à la Littérature une Histoire complette de l'Astronomie, depuis son origine jusqu'à nos jours; & il s'étoit constamment refusé à leurs instances. L'accueil que le public fit à son discours sur l'état moderne de l'Astronomie, l'obligea de céder. La mort qui prévient l'exécution des meilleurs projets, ou qui les étouffe en naissant, fit échouer l'entreprise. L'ouvrage auroit contenu des recherches curieuses & profondes sur les premiers commencemens de l'Astronomie, & des éclaircissemens judicieux de certaines fables de la Mythologie, qui sont les seuls monumens qu'on ait pour servir à l'Histoire de l'Astronomie, pendant les tems héroïques. L'Ecole Caldéenne eût paru avec la distinction qui lui est dûe. On eût trouvé dans l'Histoire de l'Ecole Egyptienne le dénouement d'un grand nombre de difficultés qui se rencontrent dans les ouvrages que Ptolomée a composés sur la science des Astres. L'Auteur eût suivi l'Astronomie chez les Grecs & chez les Romains des deux Empires ; chez les Arabes, & dans toutes les contrées où elle a été en honneur, en Italie, en Allemagne, en France, &c. Il avoit des notions intéressantes sur les personnes & sur les écrits d'un grand nombre d'Astronomes qu'on ne connoît point.

Comme il étoit familier avec ces matieres, au point de mettre la main dans le moment sur les Livres qui les contenoient, il n'a rien laissé par écrit, de sorte que le projet qu'il avoit formé est à pure perte.

Je ne citerai point d'autres ouvrages qu'il auroit indubitablement donnés, s'il eût vêcu. Ce que je pourrois en dire, ne serviroit qu'à augmenter nos regrets, & la douleur que les Sçavans ont conçue de sa perte.

Il semble que la mort s'attache à emlever les grands hommes à la fleur de l'âge, comme pour fe venger, en abrégeant leurs jours, du privilege qu'ils ont acquis, de vivre à jamais dans l'eftime de la poftérité. M. de la Caille achevoit fa 49ᵉ année, lorfque fon tempérament céda aux accès d'une maladie violente.

A la fin du mois de Février 1762, il reffentit les fymptômes de la maladie qu'il avoit effuyée au Cap à la fin du mois de Février 1752; une courbature, une plénitude, un rhumatifme dans les reins, un faignement de nez, & des marques d'indigeftion. Il continua fes exercices ordinaires jufqu'au neuviéme jour du mois de Mars. Une premiere faignée du pied fit déclarer une fluxion de poitrine, accompagnée d'un étouffement & d'un point de côté. Il ne put fe diffimuler le danger de fa fituation, & fe difpofa à faire une fin Chrétienne. Epuifé par des faignées révulfives, tant du bras que du pied, il reconnut, mais trop tard, le genre de sa maladie. Hélas ! disoit-il, si l'on me traitoit comme au Cap, j'aurois espérance d'en revenir.

Il vit la mort doubler le pas sans s'effrayer. Il s'y disposa en Chrétien, & donna à ces cœurs endurcis par les maximes d'une incrédulité aveugle, l'exemple d'une résignation sincere aux ordres du Créateur. On lui administra le Sacrement de Pénitence. Il fit son Testament : il demanda le Viatique ; mais comme on avoit des espérances de guérison, l'on crut devoir différer : le danger n'étoit plus que dans l'épuisement.

La nuit du 19 au 20 Mars, il eut l'accès de fiévre périodique, un peu plus fort que les précédens. Les Médecins, après une combinaison scrupuleuse des régles de leur art, crurent qu'une nouvelle saignée du pied couperoit racine au mal. On la lui fit le 20 Mars à six heures du matin. Il tomba dans un assoupissement de vingt-quatre heures, & mourut le 21, au même âge que son pere, & dans le mois de sa naissance: triste anniversaire qui fut célébré par les larmes de ses amis.

L'évacuation qui avoit terminé sa maladie au Cap, dix ans auparavant, se déclara une demi-heure après sa mort; mais ses yeux étoient fermés à la lumiere; les effets de l'art avoient été plus prompts que ceux de la nature.

Enséveli dans un sommeil qui ne finira point, nos regrets ne peuvent le rappeller à la vie: cependant, comment ne pas regretter une tête si précieuse? Les Sciences & la vertu, l'honneur & la bonne-foi, la modestie & la candeur, trouveront-elles encore des mortels qui lui ressemblent?

Que lui sert-il d'avoir mesuré la terre & les eaux, d'avoir compris dans des calculs infinis l'immense étendue de l'Univers? d'avoir tracé la route des Etoiles? & d'avoir pris l'essor jusqu'aux

Cieux, pour y établir de nouvelles puissances, lui que la mort devoit couvrir de ses ombres ? Les é eils, les naufrages, & tous les dangers des mers l'avoient respecté, & une mort précipitée l'enleve dans le sein du repos, & dans la force de l'âge.

Laborieux par habitude & par goût, M. de la Caille comptoit perdus les momens qu'il n'employoit pas au service du public ou des particuliers. L'intérêt n'a jamais eu de part à ses actions. Il a conservé pendant toute sa vie, une insensibilité constante aux attraits de la fortune. Simple par caractere, il a été modeste par réflexion : obligeant envers tous ; zélé pour ceux avec lesquels il étoit uni par les liens de la probité ou de l'amitié.

Le travail a été son élément. Ses fatigues de la Méridienne & son Voyage au Cap lui avoient formé un tempérament robuste, à l'épreuve de toutes sortes d'infirmités, à l'exception d'une pituite qui l'incommodoit pendant les hyvers. On le voyoit levé à cinq heures du matin, travailler jufqu'à midi fans relâche, dîner en lifant, fortir une heure, reprendre fon travail jufqu'à huit heures du foir, fouper en lifant fes Lettres, & monter à fon Obfervatoire, où il paffoit une partie de la nuit. Il nommoit *jours de repos*, le tems qu'il employoit ainfi, par oppofition à celui qu'il paffoit en vifites actives & paffives, même pour fes propres affaires.

Il foutenoit ce train de vie par une fobriété fans exemple. Il prenoit fes repas par habitude & par raifon, jamais par befoin. Cependant il ne regrettoit pas les momens qu'il paffoit à table avec fes amis, dans une joye honnête.

Une fois abforbé dans fes calculs, on le voyoit plus difficilement que Mercure ou Vénus, lorfque ces Planetes fe rencontrent dans le difque du Soleil. Livré à fon objet, il regardoit d'un mauvais œil tout ce qui pouvoit le détourner. Trois chofes lui caufoient de l'humeur ; les louanges, les propos inutiles, & la préfence de gens qu'il foupçonnoit d'avoir manqué à la probité & à l'honneur. Hors ces rencontres, on lui trouvoit toutes les qualités d'un homme aimable & amufant dans la focieté.

Que le public eft injufte dans fes procédés ! Il mefure l'eftime qu'il accorde aux Sçavans fur l'importance & fur l'affiduité de leurs travaux, & il prend plaifir à leur faire perdre dans des entretiens inutiles un tems précieux, que l'on confacre à fon utilité ou à fon agrément. M. de la Caille effuyoit un grand nombre de vifites importunes, jufqu'à être quelquefois excédé. Le defir de s'y fouftraire, l'avoit déterminé, comme on l'a déja dit, à fe retirer en Provence, après fon retour du Cap. Le Roi lui ayant accordé un appartement au Château de Vincennes, trois mois avant fa mort, il avoit réfolu de s'y fixer, afin d'avoir une entiere liberté de se livrer au travail.

Il comparoit l'accueil d'un public importun à l'affection de ces animaux qui étouffent leurs petits à force de caresses. L'ambition de l'homme, disoit-il, a trois objets principaux : l'autorité, la fortune & la réputation. Il est bon d'user de ces trois choses ; les porter chacune à son comble, c'est un fardeau, & souvent un fléau.

Il avoit une aversion décidée pour les louanges. Horace disoit d'Auguste, que si on le flattoit, *il regimboit* (a). M. de la Caille ne vouloit point qu'on le flattât en aucune façon. Il ne goûtoit pas dans la vie de plaisir plus vif que celui de connoître qu'il avoit rendu service : il ne vouloit aucune espece de remercimens ; mais il étoit flatté d'apprendre par des voyes indirectes, qu'on avoit été sensible à ses soins.

(a) *Cui malè si palpêre, recalcitrat undique totus.* Hor. Satyr. Lib. 2. Sat. I. vers. 20.

Ses sentimens touchant la fortune sont singuliers. Il la fuyoit. On lui dit un jour qu'il mourroit avec 20000 livres de rente : Bon pour mourir, repliqua-t'il, car pour vivre cela m'embarrasseroit très-fort.

On s'employa, à son retour du Cap, à lui obtenir un Bénéfice ou une Pension de la Cour ; il se refusa à toute espece de démarches. Une personne en crédit fit à ce sujet des avances auxquelles la bienséance l'eût obligé lui-même ; on ne put jamais le déterminer à y répondre. Le Prélat, dépositaire de la Feuille, qui desiroit le récompenser, mourut dans ces entrefaites.

Il possédoit à Anet un Prieuré simple, & il le résigna.

Feu M. le Cardinal de la Rochefoucault lui fit des propositions avantageuses, auxquelles il se prêta comme malgré lui. Le Prélat ne vécut pas assez long-tems pour effectuer ses desseins.

Son pere avoit laissé des dettes. Ces

dettes ne le regardoient en aucune sorte, parce qu'il n'avoit pas profité de sa succession : cependant il les acquitta scrupuleusement avant son départ pour le Cap. Il ne parut chez aucun Ministre, & ne demanda rien pour sa dépense, & celle d'un ouvrier pendant trois ans. Il fut dans son pays vendre ce qui lui restoit de bien pour servir aux frais de son voyage. Il fallut que le Ministre le mandât quelques jours avant son départ, & qu'il le forçât de recevoir 200 Louis pour subvenir aux frais de sa route.

L'Abbé de la Caille employa sur le champ cette somme à l'acquisition d'un magnifique quart de cercle dont il avoit conduit le travail. Ce quart de cercle, avec quelques autres instrumens, avoit été commandé par le Président de l'Académie de Pétersbourg, dont le décès avoit réduit l'Artiste à la nécessité de garder l'instrument. Notre Sçavant le paya comptant, & déclara par un écrit signé de sa main, qu'il appartenoit à l'Académie.

A la vente des Livres d'un Sçavant qui avoit été son intime ami, il signala son désintéressement & sa probité par un trait de générosité, qui est peut-être sans exemple. On exposa un volume mal-conditionné, mais d'une grande rareté. Il en connoissoit le prix. Ce Livre alloit être adjugé pour une livre; il y mit un sol d'enchere, & l'eut pour vingt-un sols. Il défendit à l'Huissier d'écrire l'adjudication, lui ordonna de garder le Livre, & de l'exposer en vente une seconde fois à la séance prochaine. Il rassembla des connoisseurs du jour au lendemain, & le Livre de 21 sols fut vendu 300 livres.

Il a fait imprimer à ses frais tous ses Traités élémentaires, afin de les vendre à ceux qui prenoient ses leçons, la moitié du prix coûtant. L'excellent ouvrage qui a pour titre, *Astronomiæ fundamenta*, lui a coûté 1100 livres de frais. Ses Tables Solaires, & le Catalogue des Etoiles du Cap, ont été exécutés de même, & tirés à 120 Exemplaires feulement, pour être diftribués aux grandes Bibliotheques, & aux principaux Aftronomes de l'Europe. Ce commerce l'auroit ruiné indubitablement, fans les foins & le défintéreffement de l'Imprimeur fon ami, qui ne s'eft jamais permis aucun gain fur fes ouvrages.

Nous ne pouvons difconvenir que ce portrait d'un Sçavant défintéreffé ne foit un peu chargé. Il eft beau de manquer par un excès de vertu. On doit comparer la nobleffe de fentimens dont M. de la Caille faifoit profeffion, aux actions héroïques de ces preux Chevaliers, dont la bravoure tenoit un peu de la témerité. On ne peut refufer toute fon admiration à leurs faits d'armes & à leur intrépidité. Voici le portrait de notre Académicien en raccourci.

Sous les dehors d'une complexion robufte, exiftoit une belle ame, & un esprit délicat, orné de connoissances sublimes. Pénétrant par la pensée, l'Abbé de la Caille étoit solide dans ses jugemens. Il fixoit la vérité d'un premier coup d'œil, la dégageoit des nuages de l'erreur, la rendoit palpable dans ses discours & dans ses écrits, avec un choix d'expressions, qui sous peu de mots, renfermoient un grand sens. La bienfaisance & le désintéressement se disputoient l'empire de son cœur. Un long commerce avec toutes les Nations du monde, avec toutes les conditions & tous les états, lui avoit acquis une connoissance approfondie des ressorts du cœur humain. Il respectoit l'honneur & la probité par-tout où il les trouvoit, & découvroit à coup sûr où elles n'étoient pas.

Sçavant dans presque tous les genres, excellent dans plusieurs, unique dans sa partie, il se dissimuloit l'étendue de ses connoissances. L'érudition couloit de sa bouche sans qu'il s'en apperçût. Il ignoroit tout, à l'entendre. Pour tirer de lui ce qu'on desiroit, il falloit bien se garder de l'aborder de front; l'on n'obtenoit rien. En le prenant en flanc, on faisoit couler de sa bouche une source de science intarissable.

Sa modestie n'étoit pas une de ces ruses que les hommes ordinaires employent, afin d'exciter les sentimens de ceux dont ils briguent l'estime ou la protection. Il eût desiré pouvoir arrêter sa réputation, à mesure qu'elle prenoit des accroissemens : content d'instruire sans se montrer, il ne se trouvoit jamais mieux placé qu'au niveau du reste des hommes.

Sobre par tempérament, simple par caractere, il a vécu sans ambition & sans fortune, en Philosophe Chrétien, plus intérieur qu'affectueux : profond sans obscurité, sçavant sans orgueil. Sa mort a causé un regret général, fondé sur l'assemblage de ses connoissances & de ses vertus.

Fin du Discours.

REMARQUES
SUR
LE DISCOURS.

*P*AGE 19. La Base de M. Picard fut trouvée défectueuse d'une toise sur mille. Cette correction ne fut pas d'abord adoptée par tous les Astronomes ; mais l'Académie ayant nommé huit Commissaires pour examiner de nouveau cette matiere, on mesura deux fois la même base, & l'on trouva le même résultat que M. de la Caille : preuve bien authentique de son exactitude & de son habileté.

Page 23. Son Observatioire au Collége Mazarin étoit le plus solide & le plus commode qu'il y eût dans Paris ; il y avoit fait construire un toît tournant pour observer les hauteurs correspondantes des Etoiles, opération longue & difficile que personne avant lui n'avoit employée aussi souvent & avec tant de succès ; il y avoit établi sur un bloc de pierre un instrument des passages, auquel il ne manquoit pas une seconde sur les 90 degrés de sa hauteur, pour être exactement dans le Méridien; un des massifs de l'Eglise du Collège Mazarin qui monte de fond en comble, & sur lequel ses instrumens étoient assis, leur procuroit une immobilité dont on ne peut se passer pour faire de bonnes observations.

Page 26. Un Astronome de l'Académie (*a*) a entrepris de remplir l'objet que M. de la Caille s'étoit proposé, dans un grand ouvrage d'Astronomie qui est actuellement sous presse, où l'on trouvera la figure, la construction & l'usage des plus grands & des meilleurs instrumens d'Astronomie, la maniere de s'en servir dans l'observation, de les vérifier, & d'en tirer des conséquences pour le progrès de cette science.

Page 43. La description des Etoiles fixes, & le Catalogue général qu'il vouloit en dresser, est le fondement essentiel & nécessaire de toute l'Astronomie. M. de la Caille a rempli ce projet dans toute son étendue pour l'hémisphere

_____
(*a*) M. de la Lande.

austral ; on imprime actuellement le Recueil des principales observations qu'il en a faites, avec le Catalogue de près de 2000 Etoiles, les plus remarquables entre plus de dix mille qu'il observa au Cap de Bonne-Espérance.

Page 48. Les observations sur la parallaxe de la Lune furent faites à Berlin dans le même tems par M. de la Lande, qui alla par ordre du Ministere, & par l'avis de l'Académie, pour y travailler sur le même plan : le résultat de ce travail se trouve dans les Mémoires de l'Académie pour 1751, 1752, 1755 & 1761.

Page 53. On aura peine à croire qu'un jeune Chien ait été pour notre Sçavant un délassement pendant les nuits pénibles qu'il passoit dans la contrainte. M. de la Caille trouva dans une rue de l'Orient, un Chien nouveau né, aveugle encore, qu'on avoit jetté au coin d'une borne. Il le prit pour s'en amuser dans sa traverse. Il le dressa de maniere, que ce jeune animal dissipoit son ennui, & sembloit le soulager de ses fatigues, dans ses momens de solitude, qui font le fléau des personnes expatriées. Il le nomma *Grisgris*, de la couleur de son poil.

Il l'accoutuma tellement aux coups & aux niches, que cet animal, après un long repos, cherchoit à être frappé; c'étoit la façon de le flatter. Sur quoi quelques personnes ont souvent remarqué en plaisantant, que le Chien enchérissoit sur son Maître, qui fuyoit les applaudissemens & les caresses : Grisgris alloit au-devant des coups.

Débarqué à Rio-Janéiro, l'animal, âgé pour lors de deux mois & demi, présenta à tout l'équipage un spectacle amusant. Les maisons & tous les objets lui paroissoient des monstres, après lesquels il aboyoit : il trébuchoit & tomboit, parce qu'ayant été embarqué aveugle & sans force, il avoit été élevé dans un Vaisseau. Il n'avoit que le pied marin, & n'avoit jamais vu la terre.

Arrivé au Cap, il fit preuve d'une complaisance singuliere qui le faisoit aller au-devant de tout ce qui pouvoit amuser son Maître, & cette complaisance étoit jointe à la fidélité du plus parfait des Chiens. On le tenoit renfermé pendant le jour; son Maître le laissoit rarement sortir, sur-tout lorsque ses affaires l'appelloient loin de la ville du Cap, à cause de la morsure des

Serpens des sables, qui est mortelle aux chiens comme aux hommes.

La nuit étoit pour *Grisgris* un tems de récréation & de travail. Son Maître n'en passoit aucune sans l'avoir à ses côtés, parce que dans les intervalles de ses observations, il s'en amusoit au point, qu'un moment passé avec son Chien, lui faisoit oublier les peines d'une attitude des plus fatigantes, à laquelle il étoit astreint pour observer au Zénith.

Qu'on juge, par ces traits, si notre *Grisgris* n'a pas acquis au Cap, une préférence bien décidée sur le Chien *Syrius*, & s'il ne mériteroit pas bien mieux que ce dernier, de donner son nom à quelque Constellation, ou au moins à quelque Etoile remarquable de l'hémisphere austral.

Page 62. Le travail de M. l'Abbé de la Caille sur la figure de la terre, c'est-à-dire, la mesure du degré qu'il fit au Cap de Bonne-Espérance, sans autre secours que celui des Négres, est une des choses incroyables de cet habile Astronome ; on y voit une distance de 69669 toises, c'est-à-dire, de près de 35 lieues, mesurée géométriquement,

& avec le dernier scrupule, depuis Klipfonteyn jusqu'au Cap, en ligne droite au travers des montagnes ; une base de 6467 toises, mesurée immédiatement deux fois avec les toises, sans qu'il y eût un pied de différence entre les deux mesures, & révérifiée encore une troisiéme fois au cordeau (Mém. Ac. 1751, page 436): tout cela dans un désert inhabité & brûlant. On y voit un Observateur obligé de se faire saigner plus d'une fois pour prévenir l'inflammation, passant les jours au Soleil, & souvent les nuits à la pluye. L'humanité frémit d'une situation pareille : les hommes les plus laborieux admirent cette constance, & les Astronomes les plus exercés s'étonnent de voir tant de choses exécutées en si peu de tems par un seul homme, & avec une si grande précision. Les observations astronomiques furent faites sur seize Etoiles différentes, & la plus grande erreur de toutes ces comparaisons n'alloit qu'à quatre secondes. Les quatre triangles qu'il forma eurent tous leurs angles mesurés, quoiqu'il y eût des côtés de 41 mille toises, c'est-à-dire, quoiqu'il fût à vingt lieues des signaux qu'il observoit. Enfin il acheva dans l'espace de quelques mois un ouvrage presque aussi considérable que celui que plusieurs Académiciens ensemble n'ont pû faire au Pérou que dans l'espace de plusieurs années, & il trouva que le degré de la terre étoit de 57037 toises vers 33 degrés un tiers de latitude australe.

Pag. 65. La méthode qu'il a trouvée pour calculer les longitudes en mer, lorsqu'on a observé la distance de la Lune à une Etoile, est si abrégée & si commode, qu'un Pilote peut par son moyen faire en demi-heure avec la Régle & le Compas, sans sçavoir même la Régle de Trois, ce qu'un Calculateur auroit peine à faire en cinq heures de tems avec des Tables de logarithmes & des Régles de trigonométrie sphérique. Elle a été jugée par l'Académie si intéressante pour la navigation, qu'elle a été réimprimée quatre fois ; sçavoir dans la connoissance des tems de 1761, dans celle de 1762, dans l'exposition du calcul astronomique par M. de la Lande, & dans les élémens de navigation de M. Bouguer, dont M. de la Caille fit faire à Paris une nouvelle édition.

Pag. 71. Le Mémoire que M. de la

Caille donna dans un volume des Mémoires de l'Académie de Berlin sur la précision des mesures du degré de la terre faites entre Paris & Amiens, fut fait à l'occasion d'un écrit de M. Euler, qui avoit été imprimé, dans lequel on voyoit que cet illustre Géomètre doutoit de l'exactitude du degré qui résultoit du Livre de la Méridienne vérifiée. M. de la Caille avoit vû sans la plus légere inquiétude attaquer & déprécier son travail dans des ouvrages imprimés à Paris. Les divisions & la haine qui les avoient enfantés, lui faisoient excuser ces injustices, & son ame douce & tranquille ne lui permettoit pas même de les repousser par écrit ; mais voyant que ces doutes avoient percé jusques dans les Académies étrangeres, & qu'on ne sçavoit encore à quoi s'en tenir sur une question qui cependant étoit véritablement décidée depuis plus de quinze ans, il envoya à Berlin le Mémoire dont il s'agit ; il y démontre qu'il faudroit être stupide ou ignorant, mal-adroit ou imbécille pour avoir commis dans cette mesure du degré de Paris, l'erreur qu'on avoit osé y soupçonner, & certainement personne n'a douté depuis cet écrit de l'exactitude de cette opération, & de l'erreur qu'il avoit démontrée dans celle de M. Picard.

Pag. 73. Les Tables du Soleil données par M. de la Caille en 1758, sont les premieres qu'on eût calculées en décimales de secondes, où l'on eût employé les inégalités causées par l'attraction de Vénus, de Jupiter & de la Lune sur le mouvement de la terre ; où l'on eût donné les grandes équations de dix en dix minutes de degré ; enfin les premieres dont on ait donné la justification par près de 150 observations faites avec le plus grand soin, & comparées avec les Tables. On verra dans l'Histoire de l'Académie pour 1758, ce qu'il faut penser d'un travail aussi neuf & aussi prodigieux. Ces Tables dont il n'avoit fait imprimer qu'un très-petit nombre d'exemplaires pour ses amis & à ses frais, ont été réimprimées dans l'*Exposition du Calcul Astronomique*, dont nous avons déja parlé.

Pag. 76. M. l'Abbé de la Caille entretenoit des correspondances habituelles dans presque toutes les parties du monde. Nous ne les avons pas toutes présentes à l'esprit. Il nous suffit de nommer MM. Morthon, Bevis & Bradley de Londres, M. Zanotti de Boulogne en Italie, le P. Boscowitch de Rome, M. Wargentin de Stoékolm, M. Ferner d'Upsal, le P. Carcani de Naples, M. Mayer de Gottingen, le Pere Hell à Vienne, le Pere Ximenès à Florence, le Pere Pezenas à Marseille, le P. Beraud à Lyon, pour se former une idée du mérite des Sçavans avec lesquels il étoit en relation. Son séjour du Cap lui avoit procuré plusieurs connoissances aux Indes. Il étoit en commerce de Lettres avec les personnes les plus distinguées de la Ville du Cap, qui lui avoient voué un attachement sans réserve. Il pouvoit disposer de leurs services pour toutes les contrées où abordent les Vaisseaux qui doublent le Cap.

Il avoit pour Correspondant à la Chine, le P. Benoît son éleve, résident à Pekin dans le Palais de l'Empereur. M. de la Caille, après lui avoir donné pendant six mois entiers, des leçons d'Astronomie pratique, lui avoit consacré un grand nombre de nuits pour le perfectionner. L'histoire de ce Pere seroit curieuse à raconter, si elle n'étoit pas ici un hors d'œuvre. Nous nous permettons seulement de remarquer, qu'étant parti pour Pekin en qualité d'Astronome, le présent qu'il fit à l'Empereur, d'une Estampe qui représentoit des eaux jaillissantes, fut la cause d'une captivité rigoureuse, à laquelle il est encore assujetti.

L'Empereur demanda au Pere l'explication des Figures. L'explication lui parut un prodige, dont l'exécution devoit surpasser toutes les ressources de l'art humain. Informé que le P. Benoît avoit assez de talent pour exécuter ce qu'il avoit expliqué, il le chargea du soin d'orner ses Jardins de jets d'eau & de cascades. L'exécution du premier jet d'eau inspira à l'Empereur une espece d'enthousiasme : il fit garder le Pere, & l'obligea de changer son état d'Astronome en celui de Fontenier.

Le Pere Benoît, qui n'avoit rien plus à cœur que de concourir aux progrès de la science du Ciel, & d'être utile au Maître de qui il tenoit ses connoissances astronomiques, procura à M. de la Caille la connoissance du Pere Gaubil, célébre Astronome établi à la Chine. Le Pere Gaubil envoyoit tous les ans à

M. de la Caille le détail de ses observations.

Pag. 79. Les observations du fameux Landgrave Guillaume étoient encore conservées en manuscrit à Cassel. M. de la Caille, qui n'employoit jamais le crédit de personne pour les affaires qui l'intéressoient le plus, en eut assez pour mettre dans ses intérêts M. le Duc de Broglie, qui commandoit l'armée Françoise à Cassel. On fit copier toutes les observations qui étoient dans les Archives ; on les envoya à M. de la Caille, qui les déposa dans la Bibliotheque de l'Académie des Sciences, où elles sont actuellement.

Pag. 86. L'adresse de M. de la Caille étoit aussi singuliere que sa force & son ardeur dans les observations ; il s'étoit fait une habitude incroyable de s'éveiller toujours à point nommé à toute heure de la nuit quand il avoit quelque observation à faire ; il s'étoit accoutumé à regarder alternativement de l'œil droit & de l'œil gauche ; l'un servoit dans la lumiere, & l'autre dans l'obscurité ; ce qui le dispensoit d'éclairer les fils de la Lunette, & lui faisoit observer avec facilité les plus petites

Etoiles. L'Obfervatoire dans lequel il a fait pendant vingt ans un fi grand nombre d'obfervations précieufes, eft devenu l'Obfervatoire le plus célébre de l'Europe. Ceux d'Uranibourg, de Caffel, de Greenwich, de Boulogne, de Copenhague, de Berlin, ne produifirent jamais une moiffon fi abondante & fi belle de travaux aftronomiques ; le Collége Mazarin, dans l'Hiftoire de l'Aftronomie, aura la gloire de lui avoir fervi d'afyle pendant vingt ans, & d'avoir été, comme autrefois le Portique d'Aléxandrie, confacré par les ouvrages les plus fameux. La mort de M. l'Abbé de la Caille a été fuivie de circonftances qui ont occafionné la dégradation totale de cet Obfervatoire.

Pag. 90. La précifion de fes inftrumens d'Aftronomie étoit une chofe auffi finguliere que le refte de fes travaux ; il faifoit faire fes inftrumens fous fes yeux, il en vérifioit tous les points par les opérations les plus pénibles, il les connoiffoit jufques dans les moindres parties ; mais auffi perfonne n'en approchoit. Il vouloit être en état d'en répondre, & il faifoit faire des inftrumens de moindre conféquence pour les perfonnes qu'il avoit la complaifance d'inftruire & de diriger dans cette carriere. Un des plus diftingués de fes éleves, eft M. Bailli, qui a donné un éloge hiftorique de M. de la Caille dans *l'Année Littéraire* de M. Fréron, & qui s'occupe actuellement à rédiger les obfervations des Etoiles Zodiacales que notre illuftre Abbé avoit laiffées imparfaites.

Fin des Remarques.

Fautes à corriger dans le Difcours.

Page 33, ligne premiere. Il a marqué l'heure & le méridien de chacune par le méridien de Paris, *lifez* il a marqué l'heure du milieu de chacune pour le méridien de Paris.

JOURNAL
HISTORIQUE

Du Voyage de M. l'Abbé DE LA CAILLE *au Cap de Bonne-Espérance, écrit par lui-même, accompagné de notes & d'additions.*

JOURNAL
HISTORIQUE

De mon Voyage au Cap de Bonne-Espérance, avec les remarques & les réflexions que j'ai faites dans l'occasion.

1750, 21 Octobre.

JE suis parti de Paris le 21 Octobre 1750, à sept heures du soir; je suis arrivé à l'Orient le premier Novembre au soir. Je me suis embarqué sur le Vaisseau le Glorieux, commandé par M. Daprès. Nous partîmes du Port de l'Orient le 21 Novembre, à sept heures & demie du matin. Le mal de mer me prend à dix heures, & me dure pendant trois semaines.

27 Novembre.

Le 27 vent contraire.

« Il est à remarquer que de-
» puis le jour de son départ jus-
» qu'au jour de son arrivée au Cap
» de Bonne-Espérance, M. l'Ab-
» bé de la Caille a observé jour par
» jour les latitudes & longitudes
» en mer, & les a insérées dans
» son Journal. Nous avons crû
» devoir en supprimer ici le dé-
» tail, parce qu'elles se retrou-
» vent ailleurs. Nous rapporte-
» rons jour par jour les autres
» faits. Il a observé les mêmes
» latitudes & longitudes depuis
» son départ du Cap jusqu'à son
» retour à l'Orient. »

2 Décembre.

Pendant la nuit du 1 au 2,

nous restons à la cape, (a) de peur de tomber sur le Porto-Santo.

« Porto-Santo est une Isle d'Afrique dans l'Océan occidental. Cette Isle est à trois lieues de Madere, & en a huit ou neuf de circuit. On n'y trouve que quelques Bourgs & quelques Villages qui relevent de la Couronne de Portugal. Elle fut découverte l'an 1418, par Jean Gonzalve Zarlo, & par Jean Tristan Vaz, Portugais. »

4.

Pendant la nuit du 3 au 4 nous avons remis à la cape, de peur de tomber sur les Salvages.

« Les Salvages sont deux petites Isles, dont l'une étoit an-

(a) *Mettre à la cape*, c'est réduire le Vaisseau à ses basses voiles, & plier toutes les autres. On met quelquefois à la cape avec la grande voile seule, ou avec le timon seul.

» ciennement appellée *Heras*,
» & l'autre *Antolola*. Elles sont
» entre l'Isle de Madere & les
» Canaries. Elles n'ont point
» d'habitans; mais elles nourris-
» sent une si grande quantité de
» ces petits oiseaux, qu'on nom-
» me Serins ou Canaries, que
» ceux qui vont y en prendre,
» peuvent à peine marcher sans
» écraser quelques-uns de leurs
» œufs. *Salvages* se dit pour Sau-
» vages. »

Pendant une partie de la nuit du 4 au 5, nous restons encore à la cape, de crainte des Isles Canaries. Nous n'en avons vû aucune, & la longitude estimée paroît trop petite, en sorte qu'il faut que nous ayons passé à l'Ouest.

12.

Nous allons à l'Ouest pour reconnoître Saint Yago.

« Saint Yago, ou Saint Jac-

» ques, est l'Isle principale & la
» plus habitée de toutes celles du
» Cap-Verd, quoiqu'elle soit
» montueuse & stérile en divers
» endroits. A l'Orient de cette
» Isle, dont le Gouverneur est le
» chef de toutes les autres, il y a
» un bon Port où les Vaisseaux
» ont accoutumé de relâcher
» pour prendre de l'eau & des
» rafraîchissemens, sur-tout les
» François, Anglois & Hollan-
» dois : les Anglois pour la Gui-
» née, les Hollandois pour Suri-
» nam, & les Portugais pour le
» Brésil, ce qui se fait d'ordinaire
» au mois de Septembre ; mais il
» y en a peu qui passent par-là
» en revenant en Europe. Quand
» il y a des Vaisseaux au Port,
» les gens de la campagne appor-
» tent leurs Marchandises pour
» les vendre aux Matelots & aux
» Passagers. Ces Marchandises
» sont des Cochons, des Ché-

» vres, de jeunes Taureaux;
» de la Volaille, des œufs, des
» Plantains & des Noix de Ca-
» cao qu'ils troquent pour des
» chemises, des caleçons, des
» mouchoirs, des chapeaux, des
» chemisettes, des hauts-de-
» chausses, & autres habillemens
» de toile, principalement de fil,
» car la laine y est fort peu esti-
» mée. Les habitans de Saint Ya-
» go sont de grands larrons, &
» s'ils trouvent l'occasion de met-
» tre la main sur quelque chose,
» ils s'en saisissent & prennent la
» fuite. Il y a deux grandes Vil-
» les dans cette Isle, quelques pe-
» tits Villages, & grand nombre
» d'habitans, & il s'y fait quan-
» tité de vins de la qualité de ce-
» lui de l'Isle Saint Nicolas. »

13.

Pendant la nuit le tems fut
assez beau ; nous nous disposâ-

mes à observer l'Eclipse de Lune. M. Daprès observa avec son Quartier Anglois les distances de l'horison de la mer à Syrius aux momens marqués à ma montre à secondes.

1751, 5 JANVIER.

Les calmes nous quittent enfin, le vent fraîchit un peu à l'Est & à l'Est-Sud-Est.

6.

Nous passons la Ligne sur les huit heures du matin.

« Suivent diverses observations » astronomiques des longitudes, » &c. sur l'inclinaison de l'Aiguil- » le aimantée, insérée dans les » Mémoires de l'Académie 1754, » page 97.) »

Il paroît par ces longitudes & par celles de Rio-Janéiro, que nous nous estimions moins à l'Ouest que nous n'étions réellement. De même étant vers les

Isles du Cap-Verd, nous nous estimions beaucoup moins à l'Ouest que nous n'étions. Il faut que nous ayons été portés à l'Ouest plus de six degrés au-delà de notre estime.

« Le Cap-Verd est situé vers
» le 14ᵉ degré 43 minut. latitud.
» Nord, longitude 1 degré 30
» minutes environ. Ce Cap fut
» ainsi nommé par les Portugais,
» parce qu'ils y trouverent de la
» verdure. »

23.

Nous avons vûe des deux montagnes qui forment l'Isle qui est à la pointe du Cap-Friou, à sept heures du matin. Nous étions Nord & Sud de la pointe la plus avancée de cette Isle, à une heure & demie. Le soir on commence à courir bord sur bord pour attendre à entrer demain. Mais le vent violent de la nuit, & la diftance du Cap-Friou à Rio-Janéiro, qui nous est inconnue, font qu'au matin nous nous trouvons fort éloignés de l'entrée de Rio-Janéiro.

24.

Calme après-midi. A la faveur de la *brise de mer* (a), nous nous rapprochons de Rio-Janéiro. Nous mouillons le soir à une lieue & demie.

25.

Le 25 à quatre heures du soir, nous entrons dans la baye, & nous mouillons près de l'Isle des Couleuvres. Mais il ne nous est pas possible de mettre pied à terre qu'après que toutes les formalités ont été observées. Les Por-

———
(a) *Brise de mer*, petits vents alisés qui viennent de terre sur le soir, & qui ne sont guéres sensibles qu'aux Bâtimens qui rangent la côte.

tugais sont extrêmement attentifs à fermer aux étrangers tout commerce au Brésil. Aussi dès le moment de notre entrée dans la baye, un Capitaine, un Sergent & huit Soldats de la garnison, vinrent à bord de notre Vaisseau, & ils ne le quitterent qu'après que nous fûmes sortis de la baye. Outre cela nous étions gardés par trois escouades dispersées dans des Canots qui entouroient le Vaisseau.

26.

Le 26 les Officiers de Justice vinrent de la part du Gouverneur nous demander ce que nous venions faire : ils nous déclarerent que le Vaisseau seroit confisqué, au cas que nos raisons ne fussent pas valables. Nous dîmes que nous venions pour faire caréner un petit Bâtiment qui étoit sous notre convoi, & qui n'avoit pu entrer avec nous.

27.

M. Loidor, qui est comme le Fiscal ou le Procureur du Roi de la Ville, vint examiner nos raisons; il étoit accompagné d'un Médecin pour visiter les malades.

Enfin le 28 M. le Général permit aux Officiers & aux Passagers de descendre à terre; mais nous ne pûmes rien emporter du Vaisseau qu'avec des billets par écrit pour chaque chose dont nous avions besoin; & l'on empêchoit absolument toutes sortes de personnes d'approcher de notre Vaisseau. Heureusement pour nous, M. Godin se trouva à Rio-Janéiro; il nous fut d'un grand secours auprès du Gouverneur; il nous venoit voir, & restoit avec nous presque tout le jour, & il obtenoit les permissions & billets dont nous avions besoin.

F

Le premier Février 1751, nous transportâmes à terre nos instrumens. Nous fûmes nous loger dans la rue du Rozaire, qui va de l'ancienne Cathédrale, présentement l'Eglise des Noirs, jusqu'à la mer; nous étions vers le milieu de la rue.

DESCRIPTION
DE RIO-JANÉIRO,

Rio-Janéiro est une Ville à présent fort considérable. Le nombre de ses habitans, y compris les Négres, est d'environ cinquante mille. Les rues y sont assez belles, presque toutes tirées au cordeau, la plûpart des maisons assez bien bâties, avec de la pierre de taille & de la brique. Les portes & les fenêtres sont couvertes de jalousies. Les maisons ont communément deux étages, plusieurs en ont trois; elles sont toutes couvertes de tuiles.

Les Eglises y sont assez belles, quoique vastes & peu élevées : presque tout l'intérieur est en sculpture de frises dorées d'or moulu ; mais ces frises sont si multipliées, qu'on n'y apperçoit presqu'aucun dessein : elles ne sont la plûpart éclairées que par une large fenêtre qui est au-dessus de la porte, c'est pourquoi elles sont obscures. Les murs des côtés intérieurs sont garnis d'autels d'espace en espace, fermés en devant par une simple balustrade. Les principales Eglises sont la Cathédrale, qui n'est pas encore achevée, celles des Jésuites, des Carmes, des Bénédictins, de Saint Antoine & de la Paroisse.

Presque tous les carrefours sont

ornés d'une niche où est renfermée une statue de la Sainte Vierge, devant laquelle une lanterne est allumée pendant toute la nuit. Cette niche est dorée, fermée de glaces & d'un beau rideau, le tout couvert par un Dais d'assez bon goût, & entouré de petit *ex voto*. C'est-là que le peuple se rassemble tous les soirs pour chanter le Rozaire.

La Ville est ornée d'une fort belle place en face du Port, au milieu de laquelle on construisoit une belle Fontaine, dont l'eau devoit être fournie par un bel Aqueduc, soutenu sur des arcades que l'on découvre avant d'arriver à la Ville.

Le Port & la Ville sont défendus par sept Forts, sçavoir ceux de Sainte Croix & de Saint Jean, à l'entrée de la Baye; ceux de Villegagnon & de Saint Dominique vers le milieu; celui de l'Isle aux Couleuvres, qui couvre le milieu du Port & de la Ville ; enfin ceux des Bénédictins & de Saint Jacques, qui sont à chaque extrêmité de la Ville & du Port.

La Baye est d'une vaste étendue, & d'un fond excellent : elle est toute entourée de très hautes montagnes couvertes de bois. L'on trouve un grand nombre d'habitations tout autour de cette Baye, aussi-bien que dans les vallées de ces montagnes, & dans le grand nombre d'Isles dont la Baye est remplie.

Le terrein, quoique sablonneux, est extrêmement fertile, à cause des pluyes presque journalieres, & de la chaleur du climat. Les Orangers & Citroniers y sont fort communs, & leurs fruits s'y donnent presque pour rien. Il y a aussi beaucoup de Bananiers, Gouyaviers, Acajous, Manguiers, Cocotiers, &c.

La nourriture de la plûpart des habitans est la farine de Manioc & le Poisson. Le commerce est l'or & les pierreries.

Les Blancs sont habillés de drap. Le commun des habitans porte une veste & un ample manteau, dont ils se couvrent tout le corps, & même le visage ; il y en a qui ont un chaperon de la même étoffe pour se couvrir la tête, de sorte qu'on ne peut souvent reconnoître la personne qui passe, si ce n'est à sa démarche & à la couleur, ou à la façon de son manteau.

Les Officiers de Justice se font distinguer par une canne, ou par un cerceau de rotin que les principaux portent à leur bras gauche au-dessus du coude : les Officiers subalternes le portent attaché à la boutonniere de la poche gauche de leur habit.

Les Officiers Militaires qui

font en deuil portent seulement une écharpe de crêpe noir liée à leur bras gauche.

Les Docteurs en Théologie, Droit & Médecine, portent ordinairement des lunettes sur le nez, pour se faire respecter des passans.

Les esclaves sont la plûpart galleux. Les hommes vont nuds, à l'exception d'une culotte, & quelquefois d'un simple pagne, sur-tout lorsqu'ils sont employés à ramer dans la rade. Quelques-uns ont cependant une chemise & une veste. Lorsqu'ils sont devenus libres, ils portent l'habit & le manteau de drap comme les Blancs.

Les femmes sont habillées d'une jupe & d'une chemise, dont le haut est ouvert pardevant, mais lié par le collet, à peu près comme sont nos chemises d'homme. Elles n'osent paroître de jour dans les rues. Elles vont à la Messe dès trois ou quatre heures du matin, les Dimanches & les Fêtes seulement. Quelques-unes ont la liberté d'aller le soir au chant du Rozaire. Quand elles sortent, elles mettent un grand pagne. C'est une espece d'étoffe de laine d'environ deux aunes de long sur une de large. On l'ajuste de maniere que la diagonale se trouve au milieu du dos; un des angles pend à peu près comme le coqueluchon des Carmes & des Augustins; l'angle opposé sert à affubler la tête, & les deux autres couvrent les épaules & les bras, & viennent se croiser sur la poitrine. Cet habit est fort incommode; il faut à tout moment le rajuster, tantôt sur la tête, tantôt sur les bras. Il y en a pourtant qui ont la tête entourée d'une piece de toile fine, ou d'un mouchoir des Indes. Les

Négresses portent un chapeau noir pour se garantir du Soleil dans les rues & à la campagne.

Un mari ne va jamais avec sa femme dans la rue; il la précede de quelques pas, ayant l'épée nue sous le bras ou sous son manteau. La femme peut être accompagnée de quelques parentes ou amies, & elle est suivie de plusieurs esclaves Négresses ou Mestiches, qui vont à la file les unes après les autres, & qui sont habillées en robe, & coëffées d'un mouchoir ou d'une piece de mousseline: elles se font accompagner de même lorsqu'elles vont dans une chaise à porteur, ou dans un hamac. La femme d'un Tailleur de pierre que nous avions à bord, s'étant avisée d'aller à terre pour voir la Ville, y fut poursuivie & huée par les Négres & Négresses.

Il y a très peu de société dans

F v

cette Ville ; cela n'empêche pas que la débauche n'y soit fort grande. Les Ecclésiastiques & les Moines, admis sans choix à leur état, donnent dans des excès de déréglement & de superstition.

Il y a une sorte de Pénitens laïcs qui vont pendant la nuit dans les rues chargés d'une croix pesante, & traînant une grosse chaîne qui fait un grand bruit. Leur conduite est aussi scandaleuse pendant le jour, qu'elle est édifiante pendant la nuit. Mon sommeil a été souvent interrompu par le bruit de leurs chaînes, & par les cris qu'ils poussoient en demandant miséricorde.

Le meurtre y est fort commun, & presque toujours impuni. L'on nous dit que cela devoit changer dans la suite, parce que le Roi de Portugal venoit d'établir une Audience qui auroit droit de condamner à mort, au lieu qu'auparavant il falloit porter les Procès criminels à la Baye de tous les Saints, où le condamné pouvoit appeller. La flotte qui portoit les Membres de cette Audience entroit dans le Port de Rio-Janéiro lorsque nous en sortions.

Le Gouverneur, qu'on appelle ici le Général, nous donna à dîner à M. Daprès & à moi. Le repas étoit presque tout en poisson. On nous donna des serviettes fort petites, quarrées, & sales, ou qui avoient déja servi. C'est cependant un Seigneur fort riche, qui se pique de beaucoup de sçavoir vivre. Je dînai un autre jour avec presque tous les Officiers & passagers du Vaisseau chez un habitant nommé M. Paul Vincent, Hollandois d'origine, qui demeure à six cens pas hors de la Ville. On nous donna des serviettes blanches. Le repas étoit magnifique. L'on nous servit quantité de différens poissons. À la fin du repas il nous fit la galanterie d'amener sa femme pour donner le Caffé ; elle étoit habillée d'un taffetas couleur de rose, la tête nue & rasée. C'étoit un extraordinaire ; car les femmes dans ce pays-là ne paroissent jamais dans un repas où il se trouve quelque ami de la maison, à moins que ce ne soit un proche parent. Mais M. Vincent, qui aime beaucoup les François, passa par-dessus les usages en notre faveur ; sa femme même nous accompagna à la promenade, portée dans un hamac.

Fin de la Description.

SUITE DU JOURNAL.

FÉVRIER 1751.

LE tems est pluvieux & couvert pendant les trois premiers jours de Février. (3 , 4 , 5 , 6 Observations diverses).

6.

Hier & aujourd'hui, quoique la chaleur ait été fort grande, selon les gens du pays, le Thermometre n'a pas monté jusqu'à 15 degrés & demi.

13.

Le tems se couvre, il pleut tout le soir & les jours suivans. Nous restons à terre avec les instrumens jusqu'au 21, ayant espéré pouvoir observer l'émersion du premier Satellite qui devoit arriver le 20. Le mauvais tems continuant, nous allâmes tous coucher à bord le 21. M. le Général nous fait attendre le 22, afin de nous donner des Lettres pour Goa.

23 & 24.

Nous appareillons au matin pour partir ; mais comme la marée montante nous avoit rechassé vers le milieu de la Baye, le vent nous manqua avant que nous eussions pû dépasser les Forts de l'entrée du Port. C'est pourquoi nous fûmes obligés de mouiller à neuf heures du matin, vis-à-vis Notre-Dame de bon Voyage.

25.

Nous appareillons à cinq heures du matin, & la marée nous

poussa hors du Port avant que d'avoir pû *abattre* (a).

12 Mars.

Tems couvert. La veille pluie & calme; le matin pluie. A une heure après-midi nous essuyons un coup de vent après lequel les vents se rangent au Sud-Ouest.

23.

On tua un oiseau de mer qu'on appelle un *Mouton*. Il pesoit onze livres un quart. L'étendue de ses aîles, comptée depuis l'extrêmité des plumes, étoit de huit pieds quatre pouces, & depuis l'extrêmité du bec jusqu'à celle de la queue, deux pieds onze pouces. La couleur de ses plumes est grise vers le bout, & très-blanche vers le tuyau où elle est garnie d'un duvet très-fin ; ses plumes sont

―――――――――
(a) *Abattre*, c'est amener, ou se mettre dans la direction du vent.

fort serrées : il est blanc sous le ventre & sous les aîles; cet oiseau étoit femelle. Nous en avons presque toujours vû depuis Rio-Janéiro.

12 AVRIL.

A huit heures & demie du matin, vûe de terre du côté de la Baye de Saldagne, qui nous reste à l'Est.

13.

Les vents contraires continuent, le froid est très-sensible depuis hier à midi jusques à ce soir : à quatre heures nous avons louvoyé sans pouvoir nous mettre au vent de l'Isle d'Assen, qui n'est que par 33 degrés 30 minutes.

16.

Ce soir nous avons un calme tout plat, le Ciel extrêmement clair & serein ; je vois Vénus se coucher & se cacher sous l'horison de la mer. Ayant mis ma montre à cinq heures 34 minutes, lorsque le centre du Soleil étoit à l'horison de la mer, j'ai vû le crépuscule finir très-distinctement à six heures 53 minutes. Il paroissoit terminé en arc de cercle aussi régulièrement que la plus belle Aurore boréale, & coupé par le segment obscur. Je voyois, après la fin du crépuscule, la lumiere Zodiacale étendue sur les Constellations du Taureau & des Gemeaux, & qui se confondoit par son extrêmité avec la Voye Lactée.

Pendant la nuit la rosée a été si abondante, qu'on eût dit le matin qu'il y auroit eu une petite pluye de plus d'une heure. Les voiles étoient entièrement mouillées, le pont couvert d'une boue très-délayée, & tous les meubles se ressentoient de l'humidité.

17.

Le soir ayant réglé ma montre au coucher du Soleil, & observé de plus une hauteur de Syrius de 60 degrés 40 minutes, à six heures 38 minutes à ma montre, j'ai observé que le crépuscule étoit fini à six heures 55 minutes. Mais cette obfervation n'eft pas fi exacte que la précédente, à caufe d'une petite bande de nuage qui bordoit l'horifon.

18.

Une brume épaiffe nous cache la terre que nous ne découvrons qu'à quatre heures du foir, à trois lieues de diftance; on revire de bord, & depuis fept heures du foir jufqu'à neuf heures, il y a eu un gros tems, accompagné de pluye, & qui rend la mer extrêmement groffe & houleufe toute la nuit.

19.

Le matin très-beau tems. Etant par le travers des deux pointes qui forment l'ouverture de Hout-Baay, on a observé que la ligne qui les joint, déclinoit de six degrés à l'Est à midi, étant fort près de la pointe à la croupe du Lion. La latitude a été observée 33 degrés 57 minutes. Nous mouillons dans la rade du Cap à une heure, & au Soleil couché la variation a été trouvée de 19 degrés un quart au moins.

20.

Je descens à terre à dix heures du matin: nous allons, M. Daprès & moi, rendre visite au Gouverneur, & aux autres principaux Officiers qui nous reçoivent avec beaucoup de politesse. M. le Gouverneur, à la vûe de mes Lettres, me dit que je puis rester ici en toute liberté. Nous retournons coucher à bord.

21.

Le matin nous allons voir M. le Gouverneur qui nous retient à dîner ; l'après-midi nous allons faire quelques visites. Nous logeons chez M. Bestbier, Capitaine de la Cavalerie Bourgeoise, chez qui je trouve un endroit propre pour observer, en y faisant bâtir un Observatoire pour y placer mes instrumens.

22.

Mes Caisses viennent du bord le matin. Je les ouvre, & monte tous mes instrumens pour les arranger dans une Salle de la maniere dont ils doivent l'être dans l'Observatoire. M. le Gouverneur ordonne que les ouvriers de la Compagnie Hollandoise y travailleront incessamment. Je continue de mettre en place toutes les petites pieces de mes inftrumens, & je commence à les faire nétoyer.

24.

Le Capitaine du Port, M. de Ruyter, qui est l'Inspecteur de tous les ouvriers de la Compagnie, est venu voir l'emplacement & le plan de l'Observatoire. On y doit mettre des ouvriers Lundi. J'ai passé le jour à faire un Barometre, des Thermometres à marquer, & à monter une de mes Pendules.

3 Mai.

J'ai pris différentes dimensions sur la montagne de la Table. La montagne du Diable n'est pas séparée de celle de la Table; c'est absolument la même, & il n'y a qu'un fort petit fond qui en fait la séparation.

Les trois montagnes sont formées de couches de roches visiblement horisontales.

11.

J'ai été promener le soir au pied de la montagne de la Table. C'est un espace de plus de 400 toises de long, & 600 en large, tout couvert de pierres jettées confusément, & qui sont comme des débris de la partie du nord de la montagne qui se seroit écroulée. En effet, le 11 Novembre une grosse roche, placée à l'endroit où la montagne commence à être escarpée, à peu près vers le milieu, s'éboula avec un grand bruit, & entraîna une quantité prodigieuse de pierres dans la vallée. Sa trace est restée très-long-tems visible du Cap, qui en est à une lieue. Au-delà de ces pierres, en tirant vers la Ville, les terres sont tellement imbibées d'eau de sources, qu'on ne peut passer à pied sec pour parvenir à la montagne. Le soir le tems s'est couvert quelques minutes avant le passage de δm (a) au méridien.

17.

J'ai été au Jardin de la Compagnie, qui a 996 pas de long sur 261 de large. Aujourd'hui les Maçons ont fini à l'Observatoire.

31 JUILLET.

J'ai mesuré la hauteur d'un Hottentot d'environ 25 ans: elle étoit de six pieds sept pouces dix lignes. Il étoit nuds pieds & nue tête; il arrivoit de la campagne en courant devant un chariot attelé de Bœufs pour le conduire; il étoit gros à proportion de sa hauteur.

AOUST.

Depuis le 20 jusqu'au 30 de

(a) Ce signe signifie le delta du Scorpion.

ce mois, j'ai été obligé de garder la chambre à cause d'une espece de dureté qui m'est venue sous le jarret droit; j'ai cependant observé quand le Ciel a été clair.

6 SEPTEMBRE.

M. Bestbier m'a mené à une habitation qu'il occupe dans le canton appellé Groëne-Clof, à 12 lieues au nord du Cap. J'ai trouvé presque tout le terrein propre à mesurer de longues bases en tout sens, depuis le Cap jusqu'à la montagne appellée Blaenberg, jusques à une autre chaîne de montagnes qui se dirige à l'Ouest-Nord-Ouest, à 7 ou 8 lieues de Blaenberg. *Voyez la Carte.*

7.

J'ai été sur une des montagnes de la premiere chaîne dont je viens de parler. Cette montagne s'appelle Kapocberg. Elle est unie
sur

sur son sommet, & herbue partout, d'accès fort facile, & de-là j'ai vu toute la côte de la mer, depuis Hout-Baay jusqu'au-delà de la Baye de Saldagne; j'ai vu des plaines immenses, depuis le pied de cette montagne jusqu'à perte de vûe, depuis le Nord jusqu'à près de 30 degrès vers l'Ouest: j'ai vu une montagne fort éloignée, dont une des extrêmités étoit presque dans le Nord, & fort propre pour terminer la mesure d'un degré. Depuis cette montagne, en allant par l'Est vers le Sud, l'horison est bordé de hautes montagnes.

Le même jour après-midi, j'ai monté sur une montagne plus pointue, à une lieue & demie à l'Est de la précédente: d'où j'ai vu toutes les mêmes choses que dessus la montagne où j'avois été le matin. J'y reçus la visite de
G

cinq Babouins : (a) cette montagne s'appelle Contreberg.

8, 9 & 10.

Je me suis amusé à tirer des oiseaux, & à ramasser quelques fleurs du pays.

11.

Nous sommes revenus au Cap pendant le tems du dîner ; j'ai monté sur la montagne, dite Blaenberg occidentale, d'où j'ai vu à la fois toute la Baye de la Table, & la fausse Baye, avec la côte, depuis Hout-Baay jusques vers la Baye de Saldagne. Je n'ai pu découvrir la montagne au Nord, sur laquelle je compte terminer la mesure du degré ; mais j'en ai vu une fort grosse, qui est un peu plus à l'Est, & à peu près à même distance, ou un peu en deçà.

(a) Espece de gros Singe.

15.

On m'a fait voir un Poisson pris dans Hout-Baay ; il étoit desséché, sa couleur naturelle paroît avoir été d'un bleu d'anguille ; il étoit sans écaille ; sa longueur depuis le bout de sa queue jusques au bout du bec, étoit de sept pouces & demi ; celle de sa tête de près de deux pouces, y compris le bec : la grosseur de la tête d'un pouce, à peu près comme le corps du Poisson, autant qu'on en peut juger par l'état où il est : en voici un dessein le plus exact que j'aye pû faire. Sa queue se tient horisontale : il n'a qu'une petite nageoire sur le dos, & deux au haut de la poitrine.

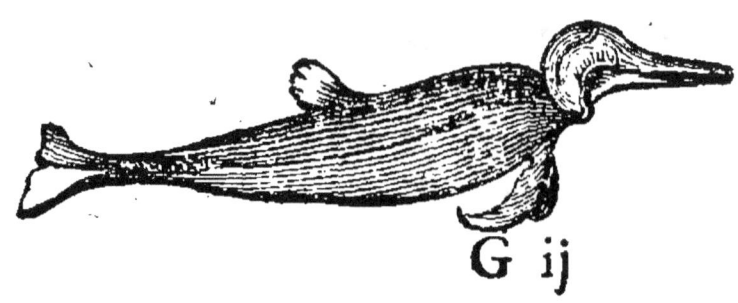

Ce que cet animal a de plus singulier, c'est son col & sa tête élevée, qui est une vraie tête d'oiseau déplumée; son bec est en forme de triangle isoscele, dont l'angle est de 36 à 40 degrés : la voici à peu près vûe en face.

La montagne de la Table, quoique fort escarpée, n'est pas difficile à monter par une grande fente qui est vers le milieu de la montagne, un peu plus à l'Occident. J'y ai été du Cap en moins de trois heures. Le pied jusques au tiers à peu près de sa hauteur, est une terre pierreuse couverte de plantes & d'arbrisseaux ; le reste n'est qu'un amas de pierres placées par lits exactement horisontaux, jusques au sommet ; la fente est fort profonde, elle commence environ aux deux cinquiémes de la montagne, large de 50 à 60 pas, & va en se rétrécissant à mesure que l'on approche du sommet, en sorte qu'elle n'est pas plus large que de cinq à six pas. Elle est couverte de même, de pierres, de terre & d'arbrisseaux jusques au sommet. On trouve sur le sommet plusieurs espaces fort unis & herbus, bien horifontaux, & semblables à des prés ; ces espaces sont séparés par des roches, dont plusieurs sont plates & posées de niveau, mais la plûpart sont en dos d'âne, placées horifontalement ; son bord, qui est vers le Cap, n'est pas en ligne droite, comme il paroît, mais il fait un peu l'arc, dont la concavité regarde le Cap. Sur la platte-forme qui est au sommet, il y a des lits de pierres assez élevés, qu'on ne voit pas du

Cap, de sorte qu'on ne voit pas du Cap le sommet de la montagne.

Quoique ce sommet s'étende de l'Est à l'Ouest, en déclinant d'environ neuf degrés vers le Nord, il y a cependant une branche qui prend vers le milieu de la montagne, & qui se dirige vers le Sud-Ouest pour se terminer près de Hout-Baay : on trouve de l'eau dans les creux des rochers, & il y a vers la partie orientale qui regarde False-Baay, une fontaine abondante d'où coule un assez grand ruisseau : la vûe s'étend au loin de tous côtés, excepté à l'Est où elle est bornée par une chaîne de montagnes éloignée de 15 à 18 lieues. On voit la mer au Sud de toutes parts, mais on ne voit son horison qu'à 22 degrés du Nord vers l'Ouest. J'ai reconnu facilement la montagne que je destine à terminer la mesure du degré.

HISTORIQUE. 151

22 OCTOBRE.

Est parti un Vaisseau pour Middelbourg; j'y ai mis un paquet à l'adresse de M. le Comte de Bentinck, contenant des oiseaux pour M. de Reaumur, des Graines & Coquilles pour M. Duhamel, & une douzaine de Lettres.

24.

Ayant examiné la Constellation du Navire, j'ai vu évidemment que M. Halley l'a tronquée pour faire son *Arbre de Charles*; il a supprimé les positions des Etoiles qui étoient dans les anciens Catalogues, comme pour les faire paroître nouvelles; celle du pied de l'Arbre est l'Etoile V. Argo de Bayer; ces Etoiles sont cependant celles du rocher contre lequel le Navire se brise; mais à cause de la grande autorité que M. Halley a justement

G iv

méritée, on peut concilier cette Conſtellation avec la fable, en ſuppoſant un arbre ſur le rocher dont il s'agit.

Les Conſtellations du Caméléon & du Poiſſon, dont les plus belles Etoiles ſont à peine de la quatriéme grandeur, ſont au pied du Chêne de M. Halley : eſt-il vraiſemblable que ceux qui ont formé les nouvelles Conſtellations voiſines du Pôle auſtral, n'ayent pas pris garde à des Etoiles auſſi brillantes que ſont celles de ce Chêne, qui en contient une de la premiere grandeur, deux de la ſeconde, & pluſieurs de la troiſiéme & quatriéme ; ou plutôt n'eſt-il pas évident qu'ils les ont regardées comme appartenant viſiblement au Navire ? (a) Auſſi M. Halley, pour accréditer ſa nouvelle Conſ-

(a) M. de la Caille, dans ſon plan de l'hémiſphere auſtral, a ſupprimé la Conſtellation de M. Halley.

tellation, a-t'il employé deux petites supercheries, l'une de terminer le Navire à quelque distance de son Arbre, & de laisser plusieurs espaces informes entre lui & le Navire, afin qu'on ne sentît pas tant la connéxion des Etoiles de son Arbre avec celles du Navire; & l'autre d'omettre en décrivant les Etoiles de son Arbre, les lieux qui leur sont assignés dans les anciens Catalogues, & qui les font paroître comme nouvellement découvertes.

27.

Après-midi je suis allé à une Maison ou Habitation, appellée Saxenbourg, à six lieues de l'Est du Cap.

PREMIER NOVEMBRE.

J'ai été à Stellenbosch, où l'on faisoit la revûe des Milices des Districts de Stellenbosch & de

Drakeftein. Stellenbofch eft un Village compofé d'une trentaine de maifons & d'une Eglife. Il y a deux rues principales, bordées de gros Chênes qui font un ombrage très-épais. Il y a auffi une riviere qui traverfe le Village.

Ce Village eft fitué dans un grand vallon tout entouré de très hautes montagnes, excepté du côté du Sud-Oueft, où la vûe s'étend vers Falfe Baay; mais comme ces montagnes font à une diftance raifonnable, la place paroît fort agréable.

3.

Au matin s'eft élevé un vent du Sud-Eft, qui a fouffié violemment au Cap le foir & pendant la nuit fuivante. J'ai remarqué d'abord qu'il y avoit une fuite de pelotons de nuages que le vent poufloit dans la direction des montagnes qui font depuis l'entrée occidentale de False-Baay, jusqu'à la Montagne de la Table où ils s'arrêtoient ; ces petits pelotons furent suivis de nuages un peu plus grands, mais détachés, qui vinrent s'arrêter de même sur la Table à quatre heures du soir : toutes les montagnes étoient surmontées d'un amas de nuages blancs à quelque distance au-dessus des sommets, mais qui se joignoient à ceux dont l'amas couvroit le sommet de la Table. A cinq heures ces nuages paroissoient s'éclaircir vers le Sud, & s'être presque tous entassés sur la Table, qui étoit alors couverte d'un amas de nuages fort blancs, mais fort épais. Alors le vent souffloit avec violence sur la Ville & dans la Rade. J'ai remarqué pendant la nuit que ce gros nuage qui couvroit la Table, se dissipoit petit à petit, & que le vent en portoit quelques parties dans le Nord-Ouest, en sorte qu'à deux heures du matin l'épaisseur du nuage étoit fort diminuée, & à quatre heures il n'en restoit presque aucun vestige : alors la violence du vent cessa, & il souffla modérément le reste de la matinée : le Barometre étoit toujours à vingt-huit pouces trois lignes. J'ai encore observé que le même amas de nuages se faisoit aussi sur les montagnes de la Hollande Hottentote, en commençant à Hanglip ; mais ces montagnes ne restent pas si long-tems couvertes que la Table : tout le Ciel qui n'étoit pas dans la direction des montagnes étoit parfaitement serein.

20.

M. Grevenbrock, Secrétaire du Conseil de Justice au Cap dans le commencement de ce siécle, homme extraordinaire, avoit fait quelques recherches sur les mœurs & coutumes des Hottentots: après sa mort ses papiers furent remis à Kolbe, qui les compila sans discernement & sans jugement, à ce que disent unanimement les gens d'ici les plus sensés, & nommément M. le Gouverneur, M. Grand-Pré & M. Dessin.

6 DÉCEMBRE.

J'ai vu chez M. Dessin la corne d'un Rhinoceros qui avoit 26 pouces de long, depuis sa pointe jusqu'à sa racine exclusivement. La racine pouvoit avoir huit à neuf pouces. La corne du Rhinoceros est précisément de la même nature que celle du Bœuf. Elle est par fibres blanchâtres, & s'éleve facilement en copeaux ou éclats (a).

(a) Lorsque M. l'Abbé de la Caille écrivoit ces choses, on n'avoit pas encore vu de Rhi-

A la fin de ce mois & au commencement du suivant, plusieurs Eléphans fort gros sont venus jusqu'à Bergriviere (a).

« C'est toujours dans le voisi-
» nage des rivieres qu'on cher-
» che ces animaux pour leur
» donner la chasse : cette chasse
» s'exécute ainsi. Trois Cavaliers
» bien montés se disposent à at-
» taquer la bête. Deux sont en
» plaine, & un troisiéme épie

noceros à Paris. Celui qu'on y a vu depuis, a paru si publiquement, & a été l'origine de tant d'observations, que nos remarques sur cet animal seroient superflues.

(a) M. de la Caille a rapporté du Cap une dent d'un jeune Eléphant, longue de trois pieds. La personne qui lui en avoit fait présent, lui avoit raconté, touchant la chasse de cet animal, le récit qu'on place ici.

On lira dans une des remarques suivantes, qu'il y a dans plusieurs plaines d'Afrique, des Taupes fort grosses qui se frayent sous le sable des conduits dont on n'apperçoit pas les traces. Un cheval ou un homme de pied qui vient à marcher sur ces conduits, est obligé de fléchir, tantôt d'un pied, tantôt de l'autre, souvent des deux à la fois.

HISTORIQUE. 159
» le moment où l'animal sauva-
» ge vient se défaltérer à quelque
» fleuve voisin de la plaine. Le
» troisiéme Cavalier, qui est d'in-
» telligence avec les deux autres,
» est l'aggresseur. Il attaque l'Elé-
» phant en le perçant d'un coup
» de lance, pendant qu'il boit.
» L'animal blessé entre en cour-
» roux, & poursuit le Cavalier,
» qui l'attire dans la plaine. L'un
» des deux autres Cavaliers s'em-
» presse de délivrer son compa-
» gnon, en courant sus à l'Elé-
» phant, & le perce à son tour
» d'un nouveau coup de lance.

» L'animal oubliant le premier
» aggresseur, poursuit le second,
» & le troisiéme Cavalier, qui
» est encore frais, court sur lui,
» & l'ayant atteint, lui décharge
» un troisiéme coup de lance. Le
» second Cavalier est pareille-
» ment oublié; l'Eléphant pour-
» suit le troisiéme, dans le des-

» sein de décharger sur lui toute
» sa fureur : cependant il perd
» une grande quantité de son
» sang que sa colere fait ruisseler
» avec abondance. S'il conserve
» encore assez de force pour sur-
» vivre aux attaques, le premier
» Cavalier recommence son ma-
» nége, & les deux autres ensuite
» jusqu'à ce que l'Eléphant tom-
» be d'épuisement.

» C'est alors que sans aucun
» risque on s'approche de l'ani-
» mal abattu ; on lui scie l'ivoi-
» re, qui est long à proportion
» de l'âge & de la force. Cette
» chasse est dangereuse sur les
» terreins qui ne sont pas bien
» applanis. En voici une preuve.
» Trois freres Hollandois, qui
» avoient gagné des sommes im-
» menses à ces sortes de chasses,
» étoient sur le point de s'en re-
» tourner dans leur patrie, pour
» y jouir tranquillement des biens

» qu'ils avoient amassés. Ils vou-
» lurent, avant de partir, exécuter
» une derniere chasse à l'Eléphant
» pour leur plaisir; malgré le soin
» qu'ils avoient eu de faire recher-
» cher & applanir les conduits ou
» taupinieres de la plaine où ils de-
» voient chasser, un de ces con-
» duits échappa aux attentions
» de ceux qui avoient été char-
» gés de les rechercher.

» La chasse commença avec
» beaucoup de succès. Le second
» aggresseur, après avoir donné
» son coup de lance, gagna la
» plaine. Son cheval posant les
» deux pieds de devant sur une
» taupiniere, s'abattit, & donna
» à l'Eléphant le tems de le join-
» dre.

» L'animal en fureur saisit le
» Cavalier avec sa trompe, le
» démonte de son cheval, & le
» couche par terre. Il prend le
» cheval avec cette même trom-

» pe, & le jette à cent pas. Il re-
» vient au Cavalier qu'il saisit de
» nouveau. Il jette cet infortuné
» Chasseur le plus haut qu'il lui
» est possible, & lui tend un de
» ses ivoires pour le recevoir.
» Le Cavalier tombant d'aussi
» haut sur cette dent, en est per-
» cé d'outre en outre, & comme
» empalé par le milieu du corps.
» L'animal sauvage eut la cons-
» tance de le tenir dans cet état
» pendant un long espace de
» tems, tourné vers les deux au-
» tres Cavaliers, & sembloit
» prendre plaisir aux cris inouis
» que ce malheureux poussoit ».

J'ai vû aussi une tête d'Hippopotame d'une grosseur prodigieuse, & que deux hommes avoient de la peine à porter, quoiqu'elle fût séchée.

Thevenot fait cette description de l'*Hippopotame*, dans ses Voyages, Partie 2. Chapitre 72.

« L'Hippopotame que j'ai vu
» étoit d'une couleur quafi tan-
» née. Il avoit le derriere tirant
» fort à celui du Buffle; toute-
» fois fes jambes étoient plus
» courtes & groffes; fa grandeur
» étoit femblable à celle d'un
» Chameau ; fon mufle à celui
» d'un Bœuf. Il avoit le corps
» deux fois gros comme un Bœuf,
» la tête pareille à celle d'un Che-
» val, les yeux petits; fon encolure
» étoit fort groffe, l'oreille petite;
» fes nazeaux fort gros, & les
» pieds très-gros & prefque ronds,
» & avec quatre doigts chacun,
» comme ceux du Crocodile ;
» une petite queue comme un
» Eléphant, & un peu ou point
» de poil fur la peau, non plus
» que l'Eléphant. Il avoit en la
» mâchoire d'en-bas quatre dents,
» groffes & longues d'un demi-
» pied, dont deux étoient cro-
» chues & groffes comme des

» cornes de Bœuf, & il y en
» avoit une à chaque côté de la
» gueule : les deux autres droi-
» tes, & de même grosseur,
» étoient entre les deux crocs,
» & avançoient en long en de-
» hors. Plusieurs disoient d'abord
» que c'étoit un Buffle marin ;
» mais j'ai reconnu avec quel-
» ques autres que c'étoit un Che-
» val marin, vu la description
» qu'en font ceux qui en ont
» écrit. Il fut amené mort au
» Caire par des Janissaires qui le
» tuerent à coups de mousquet
» en terre, où il étoit venu pour
» paître. Ils lui tirerent plusieurs
» coups sans le faire tomber ; car
» à peine la balle perçoit-elle
» toute la peau, comme j'ai re-
» marqué ; mais ils lui en tire-
» rent un qui lui donna dans la
» mâchoire, & le jetta bas». Ce
» nom signifie un Cheval de rivie-
» re. Il a le pied fourchu comme

» le Bœuf; le dos, les crins & la
» queue comme le Cheval, & hen-
» nit de même. Il a des dents &
» des défenses semblables à celles
» du Sanglier. Le cuir de son dos
» résiste à toutes sortes d'armes
» lorsqu'il n'est point mouillé. »

7 JANVIER 1752.

J'ai mangé du raisin blanc de treille assez mûr, & la même année le 23 Décembre.

17.

J'ai mangé un œuf de Pinguin. Ils sont plus gros à peu près du double, & plus ronds que les œufs de Poule: le blanc même, lorsque l'œuf est durci, est d'un bleu transparent, & comme une gelée; il est fort bon à manger, & meilleur sans comparaison que celui de Poule; mais le jaune a un goût de marécage: la coque est parfaitement blanche ; quelques-unes font bleuâtres par espaces (a).

FÉVRIER.

Pendant ce mois presque tout le monde est affligé ici de gros rhumes, & il y a aussi grand nombre de fluxions de poitrine & de catharres.

22.

La chaleur est montée à midi & demi, à 35 degrés du Thermometre à esprit de vin de M. de Réaumur.

8 AVRIL.

On a célébré au Cap le Jubilé, ou les cent ans révolus, depuis l'établissement de la Colonie Hol-

---

(a) Le Pinguin est une espece d'oiseau qui est droit sur ses pieds, qui a des aîlerons sans plumes, qui lui pendent comme des manches barrées & rayées de blanc. Il ne vole point, mais il se cantonne dans des coins sans se mêler avec les autres oiseaux. Il tient de l'homme, de l'oiseau & du poisson.

landoife au Cap. Les principaux Officiers des Vaiſſeaux François, Anglois, Danois, ont été invités à un grand repas avec les principaux Bourgeois du Cap, & les Capitaines des Vaiſſeaux Hollandois. A midi les batteries de la Rade & de tous les Vaiſſeaux ont tiré le canon.

23.

J'ai trouvé ſur le bord de la mer un Poiſſon qu'on y avoit jetté; j'en avois déja vû un pareil empaillé & gardé par curioſité chez M. Reinius, Capitaine de la garniſon : celui-ci étoit plein de vers; c'eſt pourquoi je n'ai pû l'emporter. J'ai pris exactement ſa figure. Depuis la bou-

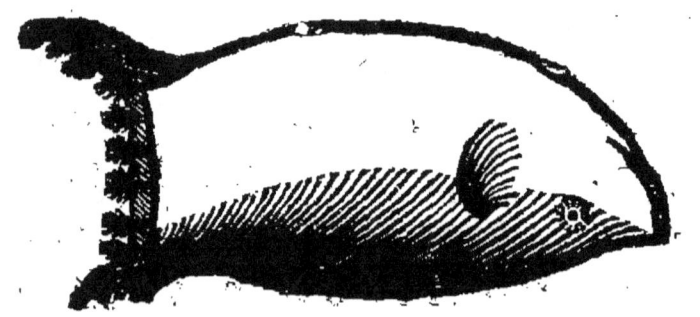

che jusques à la queue, il avoit 19 pouces & demi de long, non compris l'espece de cartillage qui forme la queue. Il avoit dix pouces & demi dans sa plus grande largeur: la largeur de sa queue étoit de sept pouces trois quarts, sa bouche est verticale, il n'a que quatre nageoires; deux aux extrêmités de la queue, & une de chaque côté, vers le lieu de l'ouïe qu'il n'a pas. Sa queue est un cartillage composé de fibres osseuses & affermies par des arrêtes d'espaces en espaces qui se terminent comme une plume : elle n'a pas un pouce de large ; sa peau est très-dure, & semblable à de la peau de Réquin polie : elle est blanche vers le ventre, & dans toute la partie de ce dessein qui n'est pas ombrée, & couverte de taches grises dans le dos. L'épaisseur de ce Poisson est de deux pouces & demi. J'en ai vu d'autres

tres depuis, qui avoient des rayes noires partant des yeux, & courbées en arc vers le ventre : on les appelle ici des Soleils de mer.

19 Mai.

J'ai été à Drakestein. Nous avons traversé d'abord les montagnes du Tygre par la vallée qui est au milieu, & qui se dirige du Nord-Ouest au Sud-Est, & delà nous avons été par un terrein peu inégal, jusques à Drakestein. C'est une vallée fort étendue en long & en large, qui se dirige du Sud au Nord-Nord-Ouest, renfermée entre Swarteberg, qui est à l'Ouest, & la chaîne de grosses montagnes qui va du Cap False, bien loin au Nord. Cette vallée est bordée des deux côtés d'un grand nombre d'habitations où l'on cultive principalement des vignes. Elles sont toutes arrosées par des ruisseaux qui descendans des montagnes, vont se rendre à une riviere qui traverse la vallée par le milieu, & qui se nomme Berg-Riviere. Elle suit cette chaîne de montagnes jusques au Picquet-Berg. De-là elle prend son cours à l'Ouest, jusques dans la Baye Sainte Hélene. L'Eglise est un peu au Sud-Ouest du milieu de la vallée : c'est un Bâtiment d'assez peu d'apparence. Au Sud-Sud-Est de cette grande vallée, il y en a une autre plus petite, enfermée entre de hautes montagnes, qu'on appelle Franshoeck, c'est-à-dire, le coin François. C'est-là où les Réfugiés se sont établis dans le commencement, & y ont cultivé des vignes.

À l'égard de ces Réfugiés, ils ont conservé la Langue Françoise, & l'ont apprise à leurs enfans ; mais ceux-ci obligés de parler Hollandois, tant parce qu'ils ont affaire avec les Hollandois & avec des Allemands qui parlent Hollandois, que parce qu'ils font mariés ou alliés avec des Allemands ou Hollandois, n'ont pas appris le François à leurs enfans, de sorte que n'y ayant plus au Cap d'anciens Réfugiés de 1680 à 1690, il n'y a que leurs enfans qui parlent François, & qui sont tous vieux. Je n'ai vu aucune personne au-dessous de 40 ans qui parlât François, à moins qu'il ne fût arrivé de France. Je ne puis pourtant pas assurer que cela soit absolument général, mais j'ai entendu assurer à ceux qui parlent François, que dans 20 ans il n'y auroit personne dans le Drakestein qui le sçût parler.

4 JUIN.

J'ai été à la Hout-Baay pour en lever le plan, à la priere de

M. le Gouverneur. Cette Baye n'a, à proprement parler, que 600 toises de large, & 700 ou 800 de profondeur. Elle est toute entourée de roches & de montagnes, pleine de brisans & inabordable, excepté dans le fond, où il y a un banc de sable, mais c'est tout ce qu'un Bot (a) peut faire que d'y échouer. Il y a dans le vallon qui la termine, une fort bonne habitation appartenante à M. le Seur, Ministre Emérite du Cap.

21.

J'ai pesé une pierre tirée de la vessie d'un Cheval au Japon, je l'ai trouvée de 3 livres 6 onces & demie; elle avoit plus de cinq pouces de diametre, car j'ai trouvé sa circonférence de seize pouces; elle étoit recouverte d'une

---

(a) *Le Bot* est un petit Vaisseau sans pont, dont on se sert aux Indes.

espece d'écaille mince, lice & polie, couleur blanc-bleuâtre, & assez ronde. Elle appartient à M. le Comte de Rantzau.

16 Aoust.

J'allai placer un signal sur une montagne voisine, nommée Kapocberg, (ce nom lui vient d'une espece d'Arbuste qui porte une fleur qui est une sorte de ouate, appellée Kapoc dans les Indes ; on l'y cultive pour en faire des lits, comme sont nos lits de plumes.) La place de ce signal est une grosse roche appuyée d'une plus petite vers le Nord. Cette roche est vers l'extrêmité occidentale du sommet de cette montagne, qui est fort plat. Elle est placée en face du Cap, & en a une autre plus grosse & moins haute à quelques pas de-là vers le Nord-Nord-Ouest.

11.

J'allai à cheval dans la plaine, qui eſt au nord de la montagne appellée Contre-Berg, pour chercher un terrein propre à meſurer une baſe : cette plaine eſt très-étendue, & fort unie, mais un peu embarraſſée de brouſſailles : j'ai pris pour terme Sud de la meſure, une roche qui paroît être de marbre blanc, & qui eſt ſur un petit tertre, elle eſt très-remarquable : j'ai trouvé qu'en alignant la baſe au Nord, on la pouvoit prolonger autant qu'il étoit néceſſaire.

12.

M. Beſtbier m'a mené près de Ricbek-Caſtel, chez M. Claas Waltere, dont l'habitation ſe nomme Trois-Fontaines ; nous avons dîné en paſſant à une autre, ſituée ſur une montagne, en très-belle vûe. On appelle cette habitation Keesenbosch.

13.

J'ai monté sur Riebek-Castel, accompagné de six Noirs, pour y faire un signal : cette montagne est assez haute & longue. Son sommet est accessible du côté du Couchant ; elle se dirige à peu près du Nord au Sud : sa crête est fort escarpée du côté du Levant. Cette montagne est fort herbue. On y trouve partout un grand nombre d'arbres assez gros, mais d'un bois fort spongieux. J'ai placé un signal sur la seconde pointe, en comptant depuis le Nord. J'ai fait abattre tous les arbres qui étoient aux environs. J'ai été visiter la quatriéme pointe qui est vers le milieu de la montagne, & qui est la plus haute; mais la roche qui la forme est comme inaccessible : y ayant grimpé avec assez de peine, j'ai été très-long-tems sans pouvoir en descendre, ni retrouver le chemin par où j'y étois monté. Cette montagne est remplie de Babouins & de Marmottes : on dit qu'il y a encore des Chevaux sauvages, mais je n'en ai pas vu.

Quoiqu'elle soit assez aride, & qu'on n'y voye aucune source qui forme un ruisseau, cependant elle est environnée de neuf ou dix habitations, dont plusieurs sont fort bonnes pour la grande quantité de bled qu'on y recueille : on trouve des sources d'eau, à quelque distance de cette montagne, qui servent à abreuver ces habitations.

26.

On a proclamé le Général de Batavia, élu en la place du Baron d'Imhof. La Garnison & la

Milice Bourgeoise s'étant assemblées dans le Fort, on a fait la lecture des Lettres de nomination dans la Salle du Conseil, en présence des principaux Bourgeois qui ont prêté le serment: ensuite sur l'escalier qui saille dans la place du Fort, à l'entrée du Gouvernement. La lecture achevée, & l'acclamation faite, on a fait trois décharges de mousqueteries, accompagnées chacune d'un coup de canon; ensuite on a tiré le canon du Fort & des batteries: à midi on a donné dans le Fort un grand repas aux Officiers & principaux Bourgeois; j'étois le seul étranger qui y assistât.

9 SEPTEMBRE.

Je suis parti avec M. Bestbier sur son chariot pour la mesure du degré. Nous sommes arrivés le soir au Groenkloof, dans l'habitation de Contre-Berg, après avoir dîné dans une autre qui est à moitié chemin.

10.

J'ai monté sur Kapocberg, pour voir l'état du signal, & pour désigner un endroit propre à y faire un feu pour être vu de Picquet-Berg.

11.

Nous sommes partis de Groenkloof pour le Picquet-Berg : nous avions deux chariots, l'un attelé de six Chevaux, pour nous porter nos provisions & notre lit, & l'autre attelé de dix Bœufs pour porter les instrumens : nous avions huit Esclaves, tant pour conduire les chariots que pour porter le quart de cercle sur la montagne : nous allâmes dîner au Nyle-Kraal, & coucher à Schaffplaats Fonteyn, habitation dont il a été parlé ci-devant.

12.

Nous sommes arrivés sur les dix heures & demie du matin à un passage de Berg, riviere qui est près de l'habitation appellée Rietkloof. Il n'y a qu'un petit canot de neuf à dix pieds de long, & de deux pieds & demi de large; la riviere y est fort profonde, quoique peu large, n'ayant guéres en cet endroit plus de soixante pas. Il nous a fallu tout décharger, faire passer nos caisses & nos paquets pieces à pieces, & ensuite lancer les chariots à l'eau, puis les en tirer avec des Bœufs: tout cela fut exécuté en deux heures & demie de tems, parce que nous avions assez de monde. Après avoir dîné à cette habitation, nous fûmes coucher à une grande heure au-delà, au lieu appellé Groën-Fonteyn.

13.

Nous arrivâmes après trois heures de marche à l'habitation appellée Klip - Fonteyn, située au pied d'une montagne sans nom, adossée au Picquet-Berg : c'est le tems que j'ai destiné pour être le lieu Boréal de ma mesure.

Le pays dans toute cette route est absolument sec, & presque par-tout inculte, couvert de broussailles & de hautes plantes ligneuses ; le fond est sable & roche en quelques endroits. En général l'aspect n'en a aucun agrément, & le terrein n'y est d'aucune valeur.

14.

Le lieu où nous couchions, M. Bestbier, moi & Poitevin, étoit un emplacement d'une grange, long de six pieds & large de sept, séparé de celui où étoit le secteur, par une toile qui faisoit une espece de cloison : nous y avions posé les deux matelats de mon lit de camp, à côté l'un de l'autre, sur des sacs à demi remplis de paille. Au-delà de cet endroit étoit une autre petite place où couchoient les Esclaves.

En général, cette habitation, quoique fort petite, nous fournit tout ce dont nous avions besoin. Elle est située dans un coin de la grande plaine de Sable, qui est entre Berg, riviere, & le Picquet-Berg & la mer, à l'endroit où la montagne sans nom dont j'ai parlé, s'approche le plus du Picquet-Berg. Cette habitation paroît être en plaine, parce qu'on y monte presque insensiblement; mais on voit de-là toute la chaîne de montagnes qui est à l'Est du Cap, jusques au lieu appellé Hottentot Hollands Kloof, qui est à l'Est-Sud-Est du Cap. On y voit les montagnes de Groënckloof, la Table & les montagnes qui bordoient la mer. En général, on y voit presque tout ce qu'on eût pû découvrir du sommet du Picquet-Berg, ou de la montagne voisine; c'est pour cela que je n'ai pas placé de signaux sur ces montagnes pour terminer mes triangles, mais que j'ai marqué un point pris à 36 toises à l'Ouest de mon Observatoire, afin d'y faire des feux pour former mon dernier triangle.

Le même jour on nous amena vivant un Bléreau puant; il avoit été pris par les Chiens, & traîné derriere le chariot: je ferai ici la description de l'extérieur de cet animal, le plus exactement qu'il me sera possible.

Il étoit mâle, & paroissoit vieux. Il étoit de la taille d'un Basset médiocre, ayant deux pieds juste, depuis le bout du museau jusques à la naissance de sa queue: son poil long de 12 à 15 lignes, étoit noir sous le ventre & aux pattes. Le milieu de son dos étoit d'un poil gris blanc, depuis les yeux jusques au milieu de sa queue, dont le bout étoit noir: deux rayes de poil blanc séparoient cette bande de poil gris-blanc, d'avec le poil noir du ventre: elles avoien un pouce ou un pouce & demi de large. La tête & le museau de cet animal ressembloient assez à ceux d'un Chien; le museau étoit court, un peu pointu: cet animal n'a pas d'oreilles extérieures: il a deux trous oblongs, ou fentes perpendiculaires à l'ouverture de la gueule, dans lesquels la peau rentre. Sa queue étoit d'environ huit pouces, les pattes courtes, celles de devant armées de griffes qui sailloient d'un pouce : celles de derriere avoient des griffes fort courtes, comme celles des Chiens. Cet animal pressé par les Chiens, fait des vesses extrêmement puantes, mais qui s'épuisent à la fin. Tant que je l'ai vu vivant, il ne puoit point du tout. On acheva de le tuer une heure après qu'on l'eût amené à la maison ; comme cela se fit à mon absence, il fut trop maltraité pour en emporter la peau.

8, 9 & 10 OCTOBRE.

Je suis resté sur Riebek-Castel, en attendant que la pluie dissipât les brumes. La nuit du 10 au 11 a été des plus cruelles par le vent froid violent qui tournoit toujours, par la pluie continuelle, mêlée de grêle, en sorte que la fumée, le froid & l'eau m'ont fort incommodé, n'ayant ni tente, ni couverture, ni matelats.

11 & 12.

Ce même jour M. Beſtbier, qui étoit reſté à Drie-Fonteyn, s'en eſt retourné au Cap pour ſe préparer à l'exercice des Milices Bourgeoiſes qui commence le 15. M. Muller, Capitaine d'Artillerie, arrivé à Drie-Fonteyn le 5, pour aſſiſter à mes obſervations, vint me rendre viſite ſur Riebek-Caſtel, & s'en retourna un peu après.

13.

Beau tems tout le jour ; le ſoir un peu avant l'heure des feux, Riebek-Caſtel ſe couvre de nuages ; je deſcendis ce ſoir de la montagne, après y avoir reſté neuf jours & neuf nuits de ſuite. Comme le tems de la moiſſon des orges approchoit, j'avois réſolu de remettre à faire les feux à Picquet-Berg, après avoir meſuré la base, pour laquelle opération j'avois besoin de beaucoup de monde. Pendant toute la nuit il a plu sur la montagne.

17.

Nous couchâmes dans la plaine, ayant appuyé quatre bâtons sur le chariot, & mis dessus une toile pour nous garantir du ferein; nos matelats étoient à terre dessous la toile, notre tente n'étoit close, ni par les côtés, ni à l'endroit du chariot; c'est ainsi que nous passâmes les trois nuits suivantes.

26.

J'ai été au Rond-Bosch, invité par M. le Gouverneur : il m'a mené voir le Jardin du Nieuland, avec la Maison de plaisance qu'il y a fait bâtir l'an passé. J'y suis retourné le 3 Décembre : j'ai vû un grand nombre d'Aloës de différentes especes qu'on cultive dans le Jardin du Rond-Bosch, par curiosité. Le Nieuland est un grand Jardin d'où on tire les légumes pour les rafraîchissemens des Vaisseaux de la Compagnie. Il étoit assez en désordre quand je l'ai vu ; mais on va travailler à le rendre un des plus beaux des environs.

6 NOVEMBRE.

J'ai remis à M. le Gouverneur du Cap, un Mémoire contenant le détail de ce que j'ai fait pour la mesure d'un degré.

Commencement du Discours adressé à M. le Gouverneur du Cap sur la mesure du 34ᵉ degré de latitude australe ; le reste de ce Discours est distribué dans les Mémoires de l'Académie, années 1751 & 1754.

Les Sçavans qui s'intéressent particuliérement au progrès de la Géographie & de la Navigation, doivent à l'Académie Royale des Sciences de Paris, la connoissance de la vraie figure & des dimensions exactes de la terre. Dans les tems les plus reculés, on avoit fait différentes tentatives pour y parvenir ; mais faute d'une bonne méthode, d'instrumens exacts, & d'habitude aux opérations délicates, les Anciens, tant Grecs que Latins & Arabes, ne nous ont rien laissé d'approchant sur la véritable grandeur de la terre.

Willebord Snell, Professeur de Mathématiques à Leyde, fut le premier qui y appliqua la vraie méthode : malheureusement il donna trop de confiance à la certitude générale que cette méthode a dans la théorie, & il ne se précautionna pas assez contre les cas où cette certitude s'échappe dans la pratique. M. Musschenbrock, zélé pour l'honneur de sa Nation, réforma dans la suite ce qu'il y avoit de défectueux dans l'ouvrage de Snell; & la mesure du degré qu'il nous a donnée, tient rang aujourd'hui entre les plus exactes.

Plus de cinquante ans avant Snell, un Médecin célébre nommé Fernel, avoit trouvé, à très-peu de chose près, la véritable grandeur des degrés du Méridien; mais ce fut plutôt par un heureux hazard, que par la précision de ses mesures. Fernel étoit trop éclairé pour les donner comme parfaitement exactes; & si on ne les avoit pas trouvées conformes à celles qui ont été prises depuis avec tout le soin possible, elles seroient encore avec raison au rang des moins sûres. On en peut dire presque autant d'une autre mesure faite en Angleterre par Norwood, environ dans le même tems que celle de Snell. Norwood apporta plus de précision à ses mesures que n'avoit fait Fernell, & dut à son exactitude une partie de son succès : mais avant l'application des Lunettes & des Micrometres aux instrumens, il étoit impossible de mesurer la terre avec l'exactitude nécessaire pour connoître ses véritables dimensions.

L'Académie Royale des Sciences a travaillé à la mesure de la terre, depuis son établissement jusqu'à présent. Toute l'Europe a été informée des opérations que ses Astronomes ont faites sous le Cercle Polaire boréal, en France & dans le Pérou, pour s'assurer de l'inégalité des degrés du Méridien : & l'on peut dire qu'il ne manquoit plus, pour terminer la question de la figure de la terre, que de voir, si dans l'hémisphere austral, l'inégalité avoit lieu, & suivoit la même loi qu'on a observée dans l'hémisphere boréal.

Placé dans le lieu de l'Afrique le plus près du Pôle austral, comptant sur la protection de la Nation Hollandoise, dont j'ai été assuré par une infinité de preuves, & sur-tout par l'empressement avec lequel M. le Gouverneur de cette Colonie m'a procuré tout ce qui pouvoit contribuer au succès de ma mission, je n'ai pû me dispenser, suivant l'intention de l'Académie, de rechercher les moyens d'exécuter cette derniere mesure. J'ai dû profiter du bonheur de me trouver dans des circonstances si favorables, d'autant plus qu'il semble d'ailleurs que les lieux ayent été disposés exprès pour y faire les opérations les plus simples, & par conséquent les plus susceptibles de précision......

M. Tulbagh ayant approuvé le projet que j'eus l'honneur de lui présenter sur ce sujet, & ayant nommé M. Muller, Capitaine d'Artillerie, & Ingénieur de la Forteresse, pour être témoin de mes opérations, M. Bestbier, chez qui je demeure, m'offrit généreusement, non-seulement l'usage de ses chariots pour le transport de mes instrumens, & de ses Esclaves pour m'aider, mais il voulut encore me conduire lui-même par-tout, pour me servir d'interprête, & pourvoir à tous les besoins que j'aurois, dans les différens endroits où il me falloit séjourner.

Janvier 1753.

J'ai vu jouer d'un instrument en usage chez les Caffres, il est composé de 12 planches rectangles, longues chacune de 18 à 20 pouces. Leur largeur va en diminuant depuis

depuis la premiere, qui a environ six pouces, jufques à la derniere, qui n'en a guéres que deux & demi. Ces planches font affemblées les unes à côté des autres fur deux triangles de bois, auxquels elles font attachées par des courroyes; de forte que tout l'inftrument forme une efpece de Table longue de quatre pieds, & large de vingt pouces : au-deffous de chaque planche, il y a un morceau de callebaffe, qui y eft attaché, pour contribuer à la faire réfonner : un homme porte cet inftrument devant lui, à peu près comme nos femmes à Paris portent leur inventaire; il joue en battant deffus avec deux maillets de bois, dont la figure & la groffeur approchent de celles des fers de Plombiers : cet inftrument eft paffablement fonore, & avec fes douze tons, on peut y jouer un grand nombre d'airs.

I

29.

J'ai été à Constance : ce fameux vignoble est composé de deux habitations ; l'une ancienne & construite par un des Vonderstel, Gouverneur du Cap ; l'autre est plus moderne, & dans le goût des habitations ordinaires : elles sont toutes deux dans un fond ; mais la premiere est plus élevée que l'autre ; elle a un peu de vûe qui donne sur une partie de la fausse-baye, l'autre n'en a point du tout : elles sont bien arrosées, & les Jardins & Vergers très-fertiles. Elles appartiennent chacune à un particulier.

4 Mars.

Le Vaisseau François *le Duc de Parme*, commandé par M. de la Crochay, est venu mouiller au Cap ; on m'a remis une Lettre de M. Trudaine, du 18 Mars 1752, une de M. Duhamel, & une de M. Daprès. La Lettre de M. Trudaine me permet, de la part de M. le Garde des Sceaux, de faire toutes les dépenses que je jugerai convenables à l'avancement des Sciences.

8.

A six heures du matin, je suis parti du Cap sur le canot de M. de Ruyter, pour m'embarquer sur le Puisieux, pour aller aux Isles de France & de Bourbon, n'ayant pas eu de contre-ordre depuis les Lettres que j'ai reçûes le 23 Octobre : aucun de mes amis, ou de ceux qui m'ont écrit de France, ne paroît informé des ordres que j'ai reçus.

A midi on a tiré du Château, des Batteries & de tous les Vaisseaux qui étoient en rade, une salve de coups de canon pour le jour de la naissance du jeune Prince Statoudher. A midi & demi nous avons appareillé & salué de sept coups de canon, auxquels on n'a répondu que par trois. Le mal de mer me prend à trois heures du soir.

5 Avril.

Gros grains & coups de vent; dans la matinée la mer fort grosse pendant long-tems : après-midi nous voyons un grand nombre d'oiseaux qui voltigent autour de notre Vaisseau. Nous prenons les uns à la main sur les cordages & agrès; nous en précipitons d'autres à coups de bâton dans la mer : on appelle ces oiseaux des Goilettes, ou Querets. Le soir on n'en voit plus.

16.

Au matin nous découvrons l'Isle Rodrigue.

18.

Nous découvrons le matin l'Isle Ronde, puis l'Isle de France, & nous mouillons à 4 heures du soir à l'entrée du Port.

DÉBARQUEMENT
A L'ISLE DE FRANCE.

Opérations exécutées dans cette Isle.

19 Avril 1753.

JE descendis à terre à huit heures & demie; je me présentai à M. Bouvet, Gouverneur, qui me dit que M. David étoit parti le 10 Février pour la France, & qu'il devoit toucher au Cap, pour m'y prendre. Il me fait loger au Gouvernement, & donne ordre qu'on m'arrange une place pour poser mes instrumens; je la prends dans la maison de M. Mabile, où M. Daprès a observé l'an passé. On y a travaillé le reste du mois, & la premiere semaine de l'autre.

13 Juillet.

Nous sommes partis pour faire toutes nos opérations, nous avions un détachement de cinq Soldats & deux Caporaux; de neuf Noirs; sçavoir, cinq Malabares & quatre de Guinée: nous avions une tente, & une Pirogue pour porter nos effets, & pour nous faire traverser les bras de mer ou Bayes profondes qui sont fort communes dans cette Isle. Nous allâmes coucher le soir chez M. de Rostaing.

19.

Nous avons employé presque tout le jour à aller camper à la Poudre d'or : le chemin est très-embarrassé, & coupé de trois bras de mer, dont nous avons traversé un en Pirogue, & deux à pied, ayant de l'eau jusques à la ceinture, pendant l'espace d'un demi-quart de lieue.

22.

Nous avons été en Pirogue au Poste à Fayette, où j'ai observé. Ensuite nous avons été camper une demi-lieue plus loin : après midi on a travaillé à traîner à terre la Pirogue pour la faire passer par terre en dedans des Récifs (a), qui sont contigus à la terre dans l'espace d'une demi-lieue.

23.

Le matin grosse pluie qui mouille tous nos équipages jusques dans notre tente : après-midi on met la Pirogue à la mer.

24.

Nous allons en Pirogue observer en pointe de Flacq, de-là au Puits des Hollandois où nous campons.

(a) Ces récifs sont des écueils ou bancs de sable qui se trouvent sur les côtes.

25.

Nous allons par terre observer à la Baraque à farine, & de-là à la pointe des quatre Cocos, où nous campons.

26.

Nous laissons notre camp aux quatre Cocos, & nous allons en Pirogue au grand Port pour reconnoître les montagnes qui en sont voisines : nous y arrivons à onze heures & demie du matin.

27.

Nous allons sur un Canot à l'Isle des Egrettes pour découvrir les montagnes : nous y laissons un signal.

28.

M. Desny va défricher le sommet de la montagne des Créoles, & y laisser un signal : M. Godin & moi, nous allons en Canot à l'Isle Marianne, & à la pointe du Diable : nous envoyons chercher nos équipages aux quatre Cocos.

30.

Nous sommes partis du grand Port sur un grand Canot : nous avons débarqué un peu au-delà des deux Isles des Cocos : j'ai été observer à la pointe des Vaques, & de-là nous avons été camper au-delà du bras de mer du Bouchon : nous laissons notre Pirogue au grand Port.

31.

Nous sommes venus camper à la Baraque au Gouverneur : j'ai été observer à la pointe du Souffleur.

1 Aoust.

Nous sommes venus camper entre la riviere du Poste & le ruisseau qui est au-delà : l'après-midi nous parcourons la Savanne pour chercher une base.

2.

Nous allons camper sur la riviere Dragan; nous parcourons le reste de la Savanne pour chercher une base.

3.

J'ai été placer deux signaux pour joindre nos opérations à la base que nous devions mesurer.

4.

Nous allons camper sur le ruisseau appellé le Bain des Négresses. M. Desny, qui se trouve incommodé, va se rétablir au grand Port: après-midi nous cherchons un alignement à la base.

5.

Nous alignons la base; mais la trouvant courte, nous remettons à demain à faire un autre alignement.

6.

Nous changeons l'alignement le matin, & l'après-midi nous mesurons environ 670 toises par un terrein assez inégal.

7.

Nous mesurons environ 1250 toises d'un terrein assez inégal, & même coupé par un bras de mer de 250 toises de large.

8.

Nous finissons la mesure, & la vérifions au cordeau. M. Desny revient du grand Port.

9.

Nous allons faire un signal, & observer sur la montagne de la Savanne. Nous y arrivons à six heures vingt minutes de marche, dans des bois fort touffus, & en suivant la crête des montagnes plus basses, qui forment une chaîne presque sans interruption : nous sommes obligés de faire un grand abbatis de bois pour un signal ; ce qui n'a pû être fini que le lendemain à dix heures du matin. Pendant la nuit, & presque toute la matinée, il a plu ; nous ne pûmes presque pas faire de feu, à cause de l'humidité de la terre & du bois.

10.

Nous observons sur le midi, & nous retournons au Bain des Négresses en cinq heures de tems.

11.

La pluie est continuelle tout le jour : nous ne pûmes sortir de la tente.

12.

Nous partons pour retourner au grand Port : nous essayons en vain d'observer à deux signaux ;

le tems couvert & la pluie cachent les montagnes : nous allons coucher près de la riviere du Poste.

13.

Nous plaçons un signal sur la montagne Chaour ; le tems couvert empêche d'y observer. Nous trouvons à onze heures & demie, un Canot qui vient nous prendre au bras de mer du Chalan. Nous arrivons au grand Port à deux heures & demie.

14.

Nous allons observer sur la montagne des Créoles ; M. Godin, Ingénieur de la Compagnie, va pour affaire au petit Port.

15.

Après Vêpres nous allons en Pirogue au pied du Bambou, à l'habitation de la Victoire.

16.

Nous allons observer sur le Bambou : nous envoyons notre Pirogue mettre un Drapeau aux quatre Cocos : le tems est fort variable tout le jour ; mais nous eumes le tems de finir, & d'aller coucher à l'habitation de la Victoire.

17.

Nous retournons à pied au Port du Sud-Est. La Pirogue revient après-midi.

18.

Nous allons observer au Cocotier de la pointe des deux Cocos. Le soir M. Godin revient du petit Port.

19.

Nous partons en Canot du Port du Sud-Est : le vent nous est contraire, & nous arrivons assez tard au Chalan : nous allons cependant observer à la montagne Chaour, & de-là coucher à la Baraque au Gouverneur.

20.

Nous allons observer à la pointe de l'Arcade, & au terme oriental de la base, de-là coucher au Bain des Négresses.

21.

Nous allons observer au terme occidental de la base, à la pointe d'Arienbel, à celle de la Mare aux joncs, & de-là coucher au poste Jacotet, où étoit la tente, & un Canot pour notre usage.

22.

Nous allons camper à la Prairie, qui est au-delà du Cap Brabant, après avoir passé ce Cap avec beaucoup de difficulté : c'est un banc de roches fort élevées &

escarpées, qui s'avance en mer, & qu'il faut nécessairement escalader.

13.

Nous allons camper au pied du Morne Brabant : je vais visiter les plaines voisines où je trouve un assez bel espace à mesurer.

24.

Nous alignons une base au pied du Morne Brabant. M. Desny va poser un signal sur la montagne de la petite riviere noire, & sur le morne de la riviere noire.

25.

Nous mesurons la base, que nous trouvons de 1956 toises.

16.

Nous observons les angles aux extrêmités de la base.

27.

Je pars pour aller au terme occidental de la base de la Savanne; le Canot me mene au-delà du Cap Brabant, où je vais poser un signal; de-là je vais dîner au poste Jacotet, & coucher au signal occidental de cette base.

28.

Pluie tout le jour & toute la nuit suivante : dans un moment d'intervalle je vois un signal que M. Desny étoit allé faire sur le Piton de Fouge. Je vais coucher au poste Jacotet.

29.

Je vais observer à la pointe du bras de mer des Citroniers, à celle de Saint Martin, à la pointe du Corail, & j'arrive au camp sous le Morne Brabant, après avoir passé le Cap en Pirogue,

& une partie du reste du chemin en Canot.

30.

Je vais observer au côteau de Fouge, & reviens coucher au même camp, sous le même Brabant.

31.

Nous allons camper au bras de mer du Tamarin : on nous fit passer sous une arcade de pierres où les Soldats font une espece de Baptême à ceux qui n'ont pas encore passé par-là; nous n'arrivâmes au camp qu'après sept heures & un quart de marche par de très-mauvais chemins.

1 Septembre.

Nous parcourons la plaine de Flique en Flaque, & nous y trouvons de quoi mesurer une base.

2.

Messieurs Godin & Desny alignent la base. Je retourne en Pirogue au signal Nord de la base du morne Brabant, d'où je ne puis voir l'extrêmité de celle de Flique en Flaque : je vais coucher au pied de la montagne de la petite riviere noire.

3.

Messieurs Godin & Desny mesurent la base. Je vais sur la montagne de la petite riviere noire, où j'essuye une pluie de plus de quatre heures de suite : le tems s'étant un peu éclairci, j'observe mes angles principaux, & je descends : je n'arrive hors du bois qu'à huit heures du soir, à l'endroit où j'avois couché la nuit précédente.

4.

Je retourne en Canot au camp du Tamarin. Après-midi je vais observer aux deux bouts de la base de Flique en Flaque.

5.

Je vais obſerver au morne de la riviere noire, d'où j'eus bien de la peine à deſcendre, à cauſe que les herbes dont cette montagne eſt couverte, étoient fort ſéches & gliſſantes, & les pierres petites & roulantes : je deſcens à la pointe de Corail pour y obſerver, & de-là je me rends au camp du Tamarin; le ſoir je vais obſerver au terme auſtral de la baſe.

6.

Nous allons en Canot camper à la petite riviere. Les montagnes reſtent couvertes de nuages tout le jour.

7.

Nous allons obſerver à la pointe des Caves, & à celle de la plaine aux ſables. Après-midi à celle de l'entrée Sud de l'anse de la petite riviere.

8.

Au matin nous allons obferver à deux pointes du côté de la riviere Belle-Ifle. Après-midi nous allons coucher au pied de la montagne du Corps-de garde.

9.

Nous allons obferver le matin fur la montagne : en defcendant nous trouvons des Chevaux avec lefquels nous retournons au Port.

17.

Nous avons été obferver au Pouce.

19.

Nous fommes partis pour aller achever nos opérations interrompues au coin de Mire. Nous avons été coucher chez M. de Roftaing à pied.

20.

Nous avons été à cheval jusques au Trou aux Biches, de-là à pied au Cap malheureux, où nous avons trouvé notre tente & un fort Canot.

21.

Nous avons été obferver fur le coin de Mire ; quoiqu'il fît beau tems & belle mer, j'eus le mal de mer : nous reftâmes quatre ou cinq heures fur cet Iflot, & de-là nous allâmes à notre camp : le foir j'obfervai au Cap malheureux.

22.

J'allai obferver le lever du Soleil au fignal de la Butte aux Sables ; de-là nous nous embarquâmes tous, & vînmes à la Baye du Tombeau : nous allâmes obferver au terme occidental de

HISTORIQUE. 215

notre premiere base, & coucher chez M. de Rostaing.

. 23.

J'ai été observer au Piton de la découverte, à cause du nouveau mât de Pavillon qu'on y a mis ; je suis revenu à dix heures & demie à la Messe aux Pamplemons, & de-là chez M. de Rostaing : je suis pris d'une dyssenterie.

24.

Je vais à cheval à la montagne longue : après y avoir observé, je me rends au Port, fort foible ; mais la diette me rétablit en deux jours.

28.

Nous allons observer au Pavillon de la découverte du Port. C'est la derniere de nos stations. (*a*).

(*a*) Le résultat de toutes ces observations se trouve dans les Mémoires de l'Académie 1754, page 118, rédigé & calculé.

Nous interrompons ici la suite de notre Journal pour donner la description de ce qui nous a paru remarquable à l'Isle de France.

Description abrégée de l'Isle de France.

L'Isle de France, découverte d'abord par les Portugais, qui y ont vraisemblablement porté les Cerfs, les Cabrits & les Singes, qui ne sont pas pour eux un gibier indifférent, a depuis été possédée par les Hollandois, sous le nom de l'Isle Maurice. Le grand nombre d'établissemens que cette Nation avoit à entretenir dans les Indes, leur fit abandonner celui-ci en 1712; & les François, qui depuis long-tems occupoient l'Isle de Bourbon, qui n'en est qu'à 35 ou 40 lieues, ne manquerent pas de s'en emparer. Selon

Selon mon calcul, fondé sur les mesures géométriques que j'ai faites dans cette Isle, son contour est de 90668 toises. Je l'ai déterminé par la somme des côtés d'un poligone circonscrit à cette Isle, de façon que le terrein qui se trouvoit hors de ce poligone, fût, à très-peu de chose près, compensé par l'étendue des petites bayes ou anses qui rentroient en dedans de ce même poligone. Son plus grand diametre est à-peu-près, Nord & Sud, de 31890 toises, & sa plus grande largeur, prise à peu près Est & Ouest, est de 22124 toises. Sa figure est ovale, ayant le sommet du Nord plus alongé, & celui du Sud plus applati. Sa surface est de 432680 arpens, à 100 perches de 20 pieds de longueur: c'est l'aire du poligone dont je viens de parler.

 Cette Isle a deux très-beaux

Ports, l'un plus petit, & situé vers le milieu de la côte de l'Ouest de l'Isle. C'est-là qu'est le principal établissement de la Compagnie des Indes, sous le nom du Port *Louis*. On n'entre dans le Port qu'en se touant ; mais on en sort toujours vent arriere. L'autre Port, appellé le Port Bourbon, est vers le milieu de la côte Est de l'Isle ; il est très-vaste, & fort sûr. On y entre vent arriere ou vent largue ; mais la sortie en est difficile, à cause des vents qui soufflant presque toujours de la partie du Sud-Est, donnent presque directement dans les deux passes, qui forment les débouchés du Port. C'étoit-là que les Hollandois s'étoient établis, & qu'ils avoient construit une espece de Fort, nommé le Fort *Frédéric-Henry* : les fondemens, & une partie des murailles subsistoient encore en 1753 ; mais on les démolissoit pour y élever un fort beau Bâtiment, destiné à loger le Commandant du Port avec la Garnison, & à contenir les Magasins nécessaires.

Le contour de l'Isle est en général tout de roche. Le fond de la mer aux environs de la côte, est couvert de Coraux, de Madrepores & de Coquillages. Il y a peu de sable véritable; ce qu'on en trouve sur le bord de la mer, n'est guéres que des débris de Coquillages. La côte est bordée de récifs, sur lesquels les vagues viennent se briser; les récifs s'étendent quelquefois à plus d'une lieue de la terre, en sorte qu'on peut faire en sûreté une bonne partie du tour de l'Isle dans une simple Pirogue. Il n'y a que la partie du Sud de l'Isle, où la mer brise presque par tout sur la côte même : ce qui la rend inabordable, excepté dans quelques

K ij

endroits, où un Canot peut se mettre à l'abri de la grosse mer.

La plus grande partie de l'Isle est couverte de montagnes, dont les plus élevées ne surpassent guéres 400 toises. Le Port Louis en est entouré à demi, & du lieu du mouillage des Vaisseaux, on voit les Bâtimens de terre comme dans un amphithéâtre. Parmi les montagnes qui le forment, on en remarque deux connues sous le nom Hollandois de *Pieterboth*, & de sa femme. La premiere est élevée de 420 toises au-dessus du niveau de la mer. Elle est terminée par un Obélisque de roche nue, surmonté d'un gros rocher cubique à peu près, mais plus gros que la pointe sur laquelle il porte; ce qui fait un effet singulier à la vûe: aussi a-t-on donné à ce Rocher le nom de *Chapeau de Pieterboth*. L'autre montagne est plus à l'Ouest. Elle est élevée de 416 toises, & terminée par un gros rocher, qui a la figure d'un pouce élevé sur une main fermée. Aussi pour cette raison l'appelle-t-on le *Pouce*. Le Port Bourbon est de même au pied d'une chaîne de montagnes, dont la plus remarquable, appellée le Bambou, a 322 toises de hauteur. La partie du Nord-Ouest de l'Isle est sensiblement unie, & celle du Sud-Ouest, toute couverte de chaînes de montagnes de 300 à 350 toises de hauteur : la plus haute de toute en a 424. Elle est à l'embouchure d'un ruisseau appellé *petite Riviere noire*.

Le terrein de l'Isle est en général assez bon, mais il est recouvert d'une quantité prodigieuse de pierres de toute sorte de grosseurs, dont la couleur est cendrée noire. Une grande partie est criblée de trous. Elles contiennent
K iij

la plûpart beaucoup de fer, & la surface de la terre est couverte de mines de ce métal. On y trouve aussi beaucoup de pierres ponces, sur-tout sur la côte Nord de l'Isle, des laves ou espece de laitier, de fer, des grottes profondes, & d'autres vestiges manifestes de Volcan éteint.

L'Isle de France est presque toute couverte de bois. Ces bois sont assez beaux, sur-tout du côté du Sud-Est de l'Isle. Ils sont fort embarrassés de Fouges & de Lianes.

« Ces plantes, dont les branches
» sont traînantes, comme notre
» Lierre, la Vrille, &c. se joignant
» aux Arbrisseaux & au Mort-
» bois, rendent la plûpart des
» forêts impraticables On ne
» peut y entrer que par des détours & des circuits que peu de
» personnes connoissent.
» Ces épaisses forêts sont le re-

» fuge des Négres qui désertent
» la maison de leurs Maîtres: on
» donne sur les lieux le nom de
» *Marons* à ces Esclaves fugitifs.
» Ils s'attroupent dans les forêts,
» & vivent de brigandages. Les
» patrouilles de l'Isle pénétrent
» quelquefois dans ces bois ; mais
» avec beaucoup de précaution.
» Les routes y sont à peine frayées,
» & sont plutôt des labyrinthes
» que des chemins. Les *Marons*
» que les patrouilles peuvent join-
» dre, sont punis selon les cir-
» constances. On brûle ou l'on
» coupe les deux gros nerfs
» du jarret à ceux qui sont seule-
» ment coupables de trahison.

» A l'égard des Négres *Marons*
» qui s'attroupent, & qui se ré-
» pandent dans l'Isle pour voler,
» on leur donne la chasse com-
» me à des animaux. On leur
» tend des piéges pour les pren-
» dre vivans, & l'on tire sur

» ceux qu'on ne peut joindre.

» Ces Brigands ont dans leurs
» retraites un certain nombre de
» femmes, dont les unes les sont
» venu joindre volontairement,
» par un esprit de débauche. Les
» autres ont été enlevées. Ces
» Chasseurs tirent sur les femmes
» comme sur les hommes, & les
» Soldats de l'Isle ont ordre de
» ramener mort ou vif l'homme
» ou la femme qu'ils peuvent
» joindre. Les femmes que le li-
» bertinage a conduites dans ces
» retraites, subissent des supplices
» rigoureux, pareils à ceux des
» hommes, lorsqu'on les peut
» joindre.

» Il arrive souvent aux Chas-
» seurs & aux Soldats de n'être
» pas les maîtres de faire la dis-
» tinction des femmes coupables
» d'avec celles qui sont retenues
» dans les bois contre leur gré.
» M. l'Abbé de la Caille sauva la

» vie à une de ces dernieres avec
» beaucoup de peine.

» Il suivoit le cours de ses opé-
» rations, accompagné de quatre
» Soldats, lorsque ceux-ci apper-
» çurent une de ces malheureu-
» ses qui longeoit une portion du
» bois. Ils alloient tirer sur la
» femme comme sur une bête ;
» ce ne fut qu'à prix d'argent que
» l'Abbé de la Caille vînt à bout
» de retenir les Soldats. On prit
» cette femme, & l'on connut
» par l'événement, qu'elle avoit
» été enlevée par les *Marons*, qui
» la retenoient contre son gré.

» C'est ainsi que l'innocent
» porte souvent la peine du cou-
» pable dans des rencontres où
» l'on ne peut pas le distinguer.
» L'usage d'aller à la chasse des
» Négres fugitifs & brigans, com-
» me à celle des animaux sauva-
» ges, n'a rien qui puisse choquer
» la délicatesse Européenne. Du

» moment où des hommes utiles
» dans la société renoncent à leur
» état par un esprit de libertina-
» ge & de cupidité, ils se dégra-
» dent au-dessous des bêtes, &
» méritent les plus rigoureux trai-
» temens ».

Les principaux Arbres que j'aye connus, sous les noms que les Habitans leur donnent, sont le *Palmiste*, le *Latanier*, le *Vacoa*, le *Maport*, le bois *de Natte* à grandes & à petites feuilles; ces deux especes sont les deux plus beaux bois rouges de l'Isle. Le bois de *Canelle*. Ce nom ne signifie pas une espece de Cannelier, ou approchant; c'est un grand arbre d'un bois assez liant & léger, le plus propre & le plus employé à la Ménuiserie. Le bois d'*Olive*. Ce n'est pas une espece d'Olivier; mais la feuille a quelque rapport de figure avec celle de l'Olivier. Le bois *de Lait*, ainsi appellé d'une liqueur blanche & gluante qui en sort quand on le casse sur pied; le *Colophone*, d'une raisine qui en distille, mais qui n'est pas celle qu'on appelle proprement *Colophone*. C'est au reste un des plus gros & des plus hauts arbres de l'Isle. Le *Benjoin*, gros arbre qui n'a aucun rapport avec le Benjoin des Isles de la Sonde & des Moluques, mais ainsi appellé, au lieu de Bienjoin, parce que c'est le bois le plus liant du pays. Il ne s'éclate jamais, il est excellent pour le Charronnage. Le faux *Tacamaca*, le bois de *Ronde*, l'*Ebene*, qui est de trois sortes; sçavoir, l'Ebene blanc, l'Ebene noir, & l'Ebene veiné de noir & de blanc. Le *Bois puant*, qui est très-propre pour la Charpente; le *Citronier aigre*, l'Arbre de *Fougere*, le *Manglier* & le *Veloutier*.

L'Isle de France est arrosée de

plus de soixante ruisseaux. Ils sont fort près les uns des autres dans la partie méridionale de l'Isle. Il y en a même de fort considérables, que leur largeur & leur profondeur rendent difficiles à passer. Le milieu de l'Isle est rempli d'étangs d'eau douce, qui sont la source de la plûpart de ces ruisseaux. La côte du Nord-Est & du Nord-Ouest de l'Isle, est sans eau ; on n'y rencontre guéres que des mares d'eau salée. Dans les ruisseaux de l'Isle de France, on pêche des *Chevrettes* toutes semblables à celles qui nous viennent des côtes de Normandie, des *Anguilles*, des *Cabots*, des Poissons qu'on appelle *Carpes de riviere*, quoiqu'elles ne ressemblent guéres à nos Carpes que par le goût, & des Mulets d'eau douce.

Dans les mares & dans les grands trous remplis d'eau, qui se

HISTORIQUE. 229
trouvent dans les lits des rivieres, on pêche des *Lubines* & des *Anguilles*, qui ont quelquefois cinq à six pouces d'épaisseur, & quatre à cinq pieds de long. Elles sont fort voraces. Elles entraînent même assez souvent au fond de l'eau ceux qui ont l'imprudence de se baigner dans ces trous ou dans ces mares.

Je ne puis entrer dans quelque détail sur les Poissons de mer que l'on prend sur la côte, parce que la plûpart ne sont connus des habitans que sous des noms qu'ils leur ont donnés. Je dirai seulement que le *Requin*, la grosse Raye, le Diable de mer, sont ceux des Poissons connus qui fréquentent le plus la côte. On y trouve souvent de grosses Tortues de mer & du Lamentin, poisson qui se prend ordinairement de la même maniere que la Baleine, en le harponnant. Il y a beaucoup d'Huîtres à l'Isle de France ; mais les Coquilles en sont si baroques, qu'on ne peut les ouvrir qu'à coups de marteau. Le Poisson le plus délicat que j'y aye mangé, est une espece de Turbotin appellé *Poule d'eau* ; il a du moins la figure & le goût du Turbotin ; mais la couleur de sa chair est verte, sa graisse est aussi verte, légere, & d'une délicatesse admirable.

Les animaux qu'on trouve dans l'Isle de France, sont des Cerfs, semblables en tout aux nôtres, mais dont la chair est excellente pendant les mois d'Avril, Mai, Juin, Juillet & Août ; des Cabrits & des Cochons sauvages ; ces derniers sont rarement bons à manger. On y trouve des Liévres, une grande quantité de Singes, qui font beaucoup de dégât dans les champs de Maïs, & dans les autres plantations ; des

Rats & des Souris, qui font tant de ravage dans les bleds, qu'il faut quelquefois renoncer à les moissonner; aussi dans la plûpart des habitations bien tenues, les champs de bleds sont entourés de piéges de six pas en six pas ; le soin de les visiter & de les redresser tous les jours, donne assez d'occupation pour la journée d'un Noir.

Les oiseaux les plus ordinaires sont les *Frégates*, les *Foux* ou *Fouquets*, les *Corbigeaux*, les *Goilans*, les *Flamans*, les *Allouettes de mer*, les *Pailles en cul* de deux sortes ; l'une dont le bec, les pattes & les pailles sont rouges, & l'autre dont le bec, les pattes & les pailles sont blanches : des Perroquets de quatre sortes; sçavoir, les Amazones, qui sont la plus grosse & la plus belle espece : les Perroquets gris & les Perruches vertes, grandes & petites. On mange de toutes ces especes de Perroquets. On trouve dans les bois des Pintades, une espece de Merle, des Ramiers de deux sortes, dont l'une est un manger très-délicat, mais fort pernicieux. Une espece d'Epervier, qu'on appelle *Mangeur de Poule*, après lequel les petits oiseaux s'attroupent. Il y a peu de ces petits oiseaux. Ils sont semblables à nos Linottes & à nos Mesanges. On y trouve encore quelques *Bengalis*, qui sont des petits oiseaux qui ont des plumes d'un rouge vif à la tête & aux environs du cou, & les aîles, le ventre & la queue couvertes de plumes d'un beau gris de perle un peu foncé & moucheté. Dans les plaines on trouve trois sortes de Perdrix, dont le goût est assez semblable à celui des Perdrix grises d'Europe, mais le chant n'y a aucun rapport. Le cri du mâle d'une espece, ressemble à celui d'un Coq un peu enroué. On trouve enfin deux especes de Chauve-Souris: l'une plus petite, & la même que celle qu'on a en France, & l'autre beaucoup plus grosse, & de la taille d'un Chat de deux mois, fort grasses dans les mois d'Avril, Mai, Juin, Juillet & Août, & qu'on met au pot comme y met une volaille pour donner de la graisse & du goût au bouillon. Les insectes les plus incommodes & les plus communs sont des nuées de Sauterelles, les Chenilles; les Carias, qui détruisent les plus gros arbres dans les bois, les poutres & les solives des bâtimens; les Fourmis, dont les maisons sont pleines, les Cancrelas de trois especes, les Grillons, les Cousins ou Maringouins, qui sont un peu plus gros que les nôtres, & dont les jambes sont nuancées de gris

& de blanc. Ils sont extrêmement incommodes, sur-tout pendant la nuit; les Scorpions & les Millepieds; les maisons en sont remplies, sur-tout dans les bas qui sont maçonnés & un peu humides; les Mouches communes, les grosses Guêpes, dont la piquure est très-douloureuse, & plus difficile à guérir que celle du Scorpion, des Araignées, &c. On trouve aussi beaucoup de Formicaléons dans les bois. J'ai vu dans les Jardins l'espece de Demoiselle connue au Cap sous le nom du *Dieu des Hottentots*, sur le compte duquel les Voyageurs ont débité bien des fables.

Il n'y a pas de Serpens dans l'Isle de France; on prétend qu'ils ne peuvent y vivre, & que dans les Islots voisins, appellés l'*Isle ronde*, l'Isle longue, le Coin de Mire, on trouve beaucoup de Couleuvres & de Serpens. Je n'assurerai pas le fait ; ce que je sçais, c'est que sur l'Islot, appellé le *Coin de Mire*, j'ai vu des Lézards longs d'un pied, & gros d'un bon pouce, & qu'à l'Isle de France je n'en ai vu que de très-petits courir sur les murailles & sur les pierres, de même qu'on les voit en France.

Je ne dirai rien des plantes de l'Isle de France, n'ayant pas assez de connoissance dans la Botaniques. Je ferai remarquer seulement qu'on y a apporté pour former des pâturages dans les défrichés, une plante qu'on appelle dans le pays la *Squine*. Elle croît d'elle-même aussi dru & aussi haut que nos plus beaux seigles. Elle vient dans les bois un peu éclaircis, & dans les défrichés incultes. Elle étouffe toutes les autres plantes, qu'elle surpasse par sa hauteur. Elle séche sur la fin d'Août, & dans le mois de Septembre. Alors les Noirs y mettent le feu, qui se répand en un instant fort loin à la ronde, ensorte que les montagnes sont de jour couvertes de fumée, & la nuit tout en feu; ce qui fait périr les arbres qui ont été chauffés deux ou trois fois de la sorte. Aussi les bois sont-ils tout dégradés dans la partie du Sud-Ouest de cette Isle, où cette plante se trouve établie. Elle gagne tous les jours du terrein, & elle menace de ruiner entiérement les bois de cette Isle avant la fin de ce siécle.

La dixiéme partie de l'Isle, ou à-peu-près, est défrichée & cultivée; on y seme du froment, de l'orge, de l'avoine, du riz, du maïs & du millet. Une partie des terres est en manioc pour nourrir les Noirs. On fait en quelques endroits du sucre & du fort beau coton. On ne peut labourer les terres à cause des pierres. On les façonne à coups de pioches, & l'on jette quelques grains dans chaque trou formé par la pioche. Dès qu'un champ est moissonné, on y plante souvent un autre grain. Les nouveaux défrichés sont assez fertiles; mais on les fait trop travailler. Les grands abattis de bois qu'on a faits pour établir certains quartiers, les ont rendus sujets à des sécheresses qui changent les terres en poussiere, entretiennent les insectes & les fourmis

On cultive dans les Jardins avec assez de succès la plûpart de nos légumes d'Europe, dont on fait venir les graines de France, du Cap & de l'Isle de Bourbon. On y a peu de fruits; les plus communs sont les Pêches, qui ne sont pas fondantes, les Bananes, les Ananas, les Papayes, les Athes, les Gouyaves. Il n'y a presque pas d'Oranges douces, ni de Citrons doux, ni de Magnes, ni de Cocos. Les Pommiers, Poiriers, Noyers, Pruniers, n'y peuvent réuſſir. On y mange peu de bons Melons, mais beaucoup de Melons d'eau.

Peu d'habitans ont des troupeaux. Il n'y a guéres que le Cabrit & le Cochon d'Europe & de l'Inde qu'on nourriſſe facilement. Les Moutons y ſont fort rares, & d'une mauvaiſe venue. On y trouve quelques troupeaux de Bœufs & de Vaches venus de Madagaſcar. Les Vaches amenées ou originaires de Madagaſcar, rendent très-peu de lait. Celles qui viennent de France s'y vendent trois fois plus cher, parce qu'elles en rendent plus abondamment.

Cette diſette de beſtiaux eſt cauſe qu'il n'y a pas de Boucherie dans l'Iſle. On envoye tous les ans deux ou trois Bateaux à l'Isle Rodrigue, qui est à cent lieues à l'Est de l'Isle de France, pour en rapporter sept ou huit milliers de Tortues de terre, & cinq ou six cens Tortues de mer. La chair & la graisse de la Tortue de terre sont excellentes & très-saines. Celles des Tortues de mer sont bien moins délicates. Toutes ces provisions sont destinées à suppléer à la Boucherie pour le Gouvernement & pour l'Hôpital. Les habitans vivent de chair de Cabrit, de Volailles, de Gibier, de Poissons. En général, la vie y est fort chere; mais ce n'est pas tant la faute du pays, que celle de l'usage & de la nature de l'établissement formé dans cette Isle : car à l'Isle de Bourbon, les vivres sont beaucoup plus abondantes & à meilleur marché. Tous les Vaisseaux de la Compagnie vont s'y approvisionner. L'air de l'Isle de France est sain, il est tempéré & même froid, sur-tout le soir & le matin, dans les habitations un peu élevées. Les chaleurs sont plus grandes au Port-Louis que partout ailleurs, parce que les montagnes voisines le mettent souvent à l'abri du vent de Sud-Est qui régne ordinairement toute l'année. Le Ciel n'est pas également serein par toute l'Isle. Il pleut presque tous les jours de l'année vers le milieu de l'Isle, & c'est ce qui entretient les étangs & les ruisseaux, dont peu tarissent dans la saison séche. Aux environs du Port Louis, & dans la partie du Nord-Ouest de l'Isle, il ne pleut que dans les mois de Janvier, Février, Mars & Avril. Les pluies sont cependant fréquentes dans les mois de Mai & de Juin, & quelquefois de Juillet. La sécheresse dure

pendant

pendant le reste de l'année; elle rend la vûe des environs de ce Port désagréable, à cause des herbes desséchées & brûlées, & des montagnes voisines, nues, dépouillées d'arbres, & hérissées de pierres; malgré la sécheresse, le Ciel est rarement bien clair. On y voit presque continuellement rouler de petits pelotons de nuages qui viennent du milieu de l'Isle, où il pleut presque tous les jours, comme je l'ai dit.

Les vents viennent ordinairement de la partie du Sud-Est; ils sont bien moins violens qu'au Cap de Bonne-Espérance. On trouve cependant des vents variables, depuis le mois d'Octobre jusqu'au mois d'Avril. Le baromètre a varié de six lignes pendant mon séjour dans cette Isle: dans mon Observatoire, qui n'étoit élevé que de 4 ou 5 toises au-dessus du niveau de la mer,

L

je l'ai vu au plus haut le 13 Juillet 1753, à 28 pouces 5 lignes un tiers, & au plus bas à 27 pouces 11 lignes & demi, les 10 & 12 Janvier 1754, jours d'une grosse pluie & d'un ouragan qui s'est fait sentir à l'Isle de Bourbon. Dans le courant de l'année, le mouvement du Mercure est presque insensible, si ce n'est qu'il est un peu plus haut à midi que le soir.

SUITE DU JOURNAL.

JANVIER 1754.

16.

JE me suis embarqué à l'Isle de France, sur le Vaisseau *le Bourbon*, commandé par M. Lesquelen, pour aller à l'Isle de Bourbon. Nous appareillâmes le matin à 8 heures, & le lendemain 17 nous mouillâmes à la rade Saint Denis, à une heure après midi. M. Brenier, qui commande dans cette Isle, me donne une Case, voisine du Gouvernement, avec un Noir pour me servir.

„ L'Auteur ne donne pas ici la
„ description de cette Isle, parce

» qu'il n'y a séjourné que 5 jours.
» Nous y suppléerons en rappor-
» tant d'après la Martiniere, ce
» qui suit. On peut consulter les
» Mémoires de l'Académie 1754,
» page 119, touchant les oura-
» gans arrivés dans cette Isle,
» depuis 1733 jusqu'en 1754,
» que M. l'Abbé de la Caille y
» arriva. »

» L'Isle de Bourbon située
» dans l'Océan Ethiopique, à l'O-
» rient de la grande Isle de Ma-
» dagascar, est presque de figure
» ovale, & peut avoir 15 lieues
» de longueur sur 10 de largeur.
» On l'a d'abord appellée *Maſ-*
» *careigne*, du nom d'un Portu-
» gais à qui la découverte en est
» dûe. Le nom de Bourbon lui
» a été donné en 1654. Cepen-
» dant les François ne s'y sont
» établis qu'en 1672, après avoir
» abandonné l'Isle de Madagaſ-
» car.

» L'Isle de Bourbon contient
» trois Bourgades assez considé-
» rables. Il y a plusieurs bonnes
» rades, mais il n'y a pas de ports
» assurés contre les violens oura-
» gans qui s'y font sentir fré-
» quemment. La Bourgade de
» Saint Paul est le premier éta-
» blissement qu'on y ait fait. On
» nomme Saint Denis de Sainte
» Suzane, les deux autres Bour-
» gades. Le Gouverneur de l'Isle
» réside à Saint Denis. Ce lieu
» est aussi l'entrepôt des vaisseaux
» de la Compagnie des Indes, &
» le seul relâche commode pour
» les rafraîchissemens.

» Le territoire de l'Isle est fer-
» tile en plantes : il y croît de
» l'Aloës & de l'excellent Tabac,
» du poivre blanc & de l'Ebène,
» des arbres fruitiers, des Pal-
» miers, & autres arbres qui pro-
» duisent des gommes odorifé-
» rantes, comme le Benjoin, &c.

» L'air naturellement chaud de
» cette Isle, est tempéré & ra-
» fraîchi par des vents qui souf-
» flent presque continuellement.
» Des rivieres, des ruisseaux,
» des fontaines dont les eaux
» sont fort saines, contribuent
» beaucoup à sa fertilité. On y
» trouve une quantité prodigieuse
» de Tortues de terre & de mer.
» On y a transporté d'Europe des
» bêtes à cornes & des Porcs qui
» y ont beaucoup multiplié. Les
» Cabrits & les Sangliers y sont
» communs. La chair de ces der-
» niers est d'un goût exquis, par-
» ce qu'ils se nourrissent de Tor-
» tues. Les Perroquets, les Ra-
» miers, les Tourterelles y sont
» en grand nombre.

» On ne voit dans cette Isle
» ni reptiles, ni insectes venimeux.
» L'Ambre-gris & le Corail se re-
» cueillent abondamment sur les
» rivages, où l'on trouve aussi de

» superbes coquillages de toutes
» especes. »

Février. 16.

Au soir je me suis embarqué sur l'*Achille*, commandé par M. de Baubriand. Nous avons appareillé le 27 à dix heures du matin.

Avril. 15.

Au matin nous voyons l'Isle de l'Ascension où nous mouillons à onze heures du matin. Le soir nous descendons à terre, & nous campons un peu au Sud de l'Anse aux François, & dans la partie Nord-Ouest de l'Isle où est le mouillage ordinaire.

OBSERVATIONS

FAITES

A L'ISLE DE L'ASCENSION.

L'Isle de l'Ascension est une relâche ordinaire aux vaisseaux François qui reviennent de l'Inde. Cette Isle est petite, & n'a gueres plus de trois lieues du Nord au Sud, ni plus de deux de l'Est à l'Ouest : elle est visiblement formée ou brûlée par un Volcan : elle est couverte d'une terre rouge, semblable à de la brique pilée, ou à de la glaise brûlée. Il y a dans quelques endroits une terre jaune, comme de l'ochre, & dans quelques autres, & surtout dans les fonds, une terre noire & fine. L'Isle est composée de plusieurs montagnes d'élévation moyenne, comme de 100 à 150 toises. Il y en a une plus grosse, qui est au Sud-Est de l'Isle, haute d'environ 400 toises. On l'appelle la *Montagne-Verte*. Son sommet est double & allongé: mais toutes les autres sont terminées en cone assez parfait, & couvertes de terre rouge. La terre & une partie des montagnes sont jonchées d'une quantité prodigieuse de roches criblées d'une infinité de trous, de pierres calcinées & fort légeres, dont un grand nombre ressemble à du laitier. Quelques-unes sont recouvertes d'un vernis blanc-sale, tirant sur le verd. Il y a aussi beaucoup de pierres-ponce. Les roches sont posées, les unes sur les autres fort irréguliérement, & la plupart sur le penchant des montagnes ; de sorte qu'elles laissent d'assez grands vuides dans leurs intervalles ; & comme elles

L v

font très-légeres & de peu de consistance, elles manquent souvent sous les pieds, & mettent les voyageurs peu attentifs dans le danger d'être entraînés, & même ensevelis dans leurs écroulemens. La vue de ces montagnes, & en général de toute l'Isle, présente aux yeux un spectacle affreux & capable d'inspirer de l'horreur.

Vers le milieu de l'Isle & entre les montagnes, il y a de petites plaines qui sont divisées en petits espaces, & si singuliérement distribués, qu'on diroit que c'étoit autrefois de petits champs couverts de pierres ; qu'on auroit ensuite accumulé les pierres par tas pyramidaux, & par longues rangées en façon de murailles séches, pour avoir de petits terreins séparés les uns des autres, & nétoyés de toutes pierres.

Il n'y a aucune riviere ni fource coulante dans cette Isle. On y voit des lits de torrens & des ravins formés par les pluies. On trouve cependant au pied de la Montagne Verte, de l'eau amassée dans quelques fonds ; mais elle s'évapore ou se perd en peu de mois.

La surface de l'Isle paroît absolument nue & inculte. Je n'y ai vu aucuns vestiges d'arbres ni d'arbrisseaux. J'y ai trouvé quatre sortes de plantes qui sont clair semées çà & là. La premiere est un pourpier d'une fort bonne espece ; la seconde est un tithymale, dont la tige en séchant devient assez dure ; la troisiéme est une espece de gramen, dont la feuille est fort étroite, longue & un peu crénelée comme la prêle. La quatriéme qui ne croît que sur les sables du bord de la mer, est une espece de *Convolvulus*, connue aux Isles de France & de

Bourbon, sous le nom de *Patate à Durand.*

On ne voit gueres sur cette Isle que trois espéces d'oiseaux, mais qui y sont en grand nombre; ce sont les *Fregates*, les *Fous*, qui se laissent prendre à la main ou tuer à coups de bâton, & les *Pailles-en-cul*: il y a quelques Cabrits sauvages, des Rats & des Souris, quelques mouches, sçavoir les communes, & celles qu'on trouve en France sous la queue des chevaux dont le ventre est gros & rond, & le corps jaune & écailleux; ici elles sont de couleur noire, mais du reste de la même nature que celles d'Europe. Il y a peu d'autres insectes. On y voit de petites fourmis noires, & quelques scarabées.

Le bord de la mer est formé par des roches noires & fort dures, qui ne paroissent pas avoir été calcinées, ou par des plages de sable qui n'est qu'un débris de coquillages ; ce sont des petits grains arrondis & de différentes couleurs, selon qu'étoit celle du coquillage, dont le grain faisoit partie. Les couleurs principales sont le blanc, le jaune & le cramoisi. Ces grains sont plus ou moins fins dans les différens endroits de la côte. On trouve des anses où ils ressemblent à des anis de Verdun, & d'autres où ils ressemblent aux plus fines nompareilles de cette Ville. Il y a quelques endroits de la côte, où les gros grains de coquillage forment des lits de pierres extrêmement dures, de cinq à six pouces d'épaisseur.

L'Isle de l'Ascension, déserte, sans bois ni eau, n'est fréquentée que pour la pêche de la tortue de mer. Nous y en prîmes plus de 130 en quatre nuits. La pêche se fait de la sorte. Quatre ou six hommes vont ensemble pendant la nuit, le long de la mer, sur les plages de sable. Lorsqu'ils rencontrent une tortue qui pond dans un trou qu'elle a fait dans le sable, à cinq ou six pas du terme où la mer vient battre la plage, ils se jettent dessus & la tournent sur le dos ; situation qu'elle ne peut plus changer, & qui donne le loisir d'en aller retourner d'autres, afin de revenir pendant le jour les embarquer dans une chaloupe pour les mener à bord.

On pêche encore à l'Ascension une grande quantité de poissons. On y voit des *Carangues*, des Vieilles, des Requins, des Murennes, qui sont une espéce de serpens de mer ou d'hydre, des Bourses, des Huitres, & des poissons volans.

Le lieu du mouillage ordinaire est vis-à-vis d'une anse dans le

Nord-Ouest de l'Isle ; le fonds en est de sable, coquillage brisé & corail. La tenue est bonne, & il n'y a aucun danger, parce que le vent pousse toujours au large. D'ailleurs il n'y a pas de coup de vent à craindre. Il ne s'y en fait jamais sentir, non plus qu'à l'Isle de Sainte Hélene, qui est à 225 ou 230 lieues dans le Sud-Est. La mer brise beaucoup sur la côte. Il est difficile de s'embarquer & de se débarquer.

L'Isle de l'Ascension, quoique fort petite & déserte, pourroit occuper long-tems un Naturaliste, & fournir de longues réflexions à un Philosophe. Le peu de tems que j'avois à y passer ne m'a permis de la considérer que comme un point important pour la Géographie & la Navigation. Je me contentai d'en déterminer la latitude.

AVRIL 19

Je me rembarquai à dix heures du soir, & nous appareillâmes le lendemain à six heures du matin.

9 JUIN.

Nous avons connoissance des roches de Penmark à cinq heures du soir, & nous venons mouiller sous l'Isle de Groix, à deux heures après minuit.

4.

Nous entrons dans le Port de l'Orient à deux heures & demie du soir.

14.

On descend mes caisses à terre.

28.

Couché à Paris, où j'arrivai à quatre heures du soir. Ainsi mon Voyage a duré trois ans huit mois & une semaine.

Fin du Journal Historique.

COUTUMES
DES HOTTENTOTS
ET
DES HABITANS
DU CAP
DE BONNE - ESPERANCE.

Observations préliminaires sur les Coutumes des Hottentots.

LA vie des Hottentots est à-peu près la même que celle des Gaulois sauvages, dont César fait mention dans ses Commentaires. Ils se réunissent auprès des rivieres & des forêts, en différentes hordes ou peuplades, qui forment comme autant de Villages & de Républiques indépendantes. Les rivieres répandent dans les cantons qu'elles parcourent, une humidité féconde qui entretient la production des racines & des fruits sauvages, dont les Hottentots se nourrissent : les forêts procurent le même avantage, à la faveur de l'ombre des arbres ; le climat est fort chaud. Ces forêts ressemblent à nos bas vergers ; leurs arbres n'ont pas plus de six à sept pieds de hauteur communément.

Les habitations qui forment les Villages des Hottentots sont distribuées sur une ligne circulaire ; des cabanes couvertes de peaux regnent autour de ce cercle. Chaque cabane est une espece de hute fort basse, dans laquelle on ne peut entrer que courbé ou à genoux. Elles servent à serrer les provisions de la vi. & les ustensiles de ménage. L'Hottentot ne les occupe que pendant les tems de pluie. Il passe les momens qu'il n'emploie pas au travail, à dormir à sa porte couché sur le ventre, & le dos exposé au soleil en plein air. Il interrompt de tems en tems son sommeil pour fumer avec une herbe forte, qui fait le même effet que notre tabac.

L'Hottentot est berger de profession. Il fait sa principale & presque unique occupation du soin de ses troupeaux de moutons & de bœufs. Il n'y a qu'un troupeau commun pour chaque Village. Chaque Habitant préside à tour de rôle à la garde du troupeau. Cette garde demande des précautions bien différentes des soins qu'on en prend parmi nous. Les bêtes sauvages sont beaucoup plus nombreuses & plus à craindre à cette extrémité de l'Afrique que dans nos contrées. Les Lions n'y font pas communs ; mais le Léopard, le Tigre, plusieurs espéces de Loups plus dangereux qu'en Europe, & d'autres animaux mal-faisans qui régnent habituellement dans des forêts reculées, font de tems en tems des excursions du côté du Cap, & détruisent les troupeaux.

Afin de prévenir de tels malheurs, l'Hottentot, gardien du troupeau commun, a soin d'aller ou d'envoyer tous les jours à la découverte, pour sçavoir si aucun animal féroce ne rode dans le canton. Comme la soif est le principal besoin qui tire ces bêtes de leurs repaires, on est presque sûr de trouver sur les bords des rivieres, les premieres qui arrivent.

Dès que le Berger de garde s'est assuré ou par lui-même, ou par le ministere de ceux qui l'accompagnent, de la présence d'une bête dangereuse, il assemble la Peuplade à son retour, pour annoncer à ses Concitoyens l'arrivée de la bête. Les animaux qui viennent ainsi se défaltérer, retournent rarement dans leurs repaires. Ils cherchent des antres aux environs du fleuve, & s'y établissent. On se dispose alors à une chasse qui s'exécute ainsi.

L'on rassemble les plus vigoureux hommes de la Colonie, on les arme d'épieux aiguisés durcis au feu, & empoisonnés. Ils prennent aussi chacun un arc, & plusieurs fléches pareillement empoisonnées. Le Berger du jour où la bête a été apperçue, va reconnoître, aux heures convenables, l'antre où l'animal féroce s'est réfugié. Il revient au Village, & se met à la tête de la Troupe, armé de même que ceux qu'il conduit. Arrivés à l'antre, les combattans se rangent sur deux lignes. Le Berger pénètre dans l'intérieur de la caverne, autant qu'il est nécessaire, pour agacer la bête & pour l'exciter à le poursuivre.

L'animal au sortir de l'antre, ou est accablé sous les coups redoublés des épieux & des flèches, ou s'il échappe, le poison des armes fait de tels progrès en peu d'heures, qu'une prompte mort en est l'effet ordinaire.

Unis entre eux par les liens d'une concorde fraternelle, les Habitans d'un même Village vivent en paix. Mais ils se vengent cruellement des Peuplades voisines, au premier sujet de mécontentement qu'ils en reçoivent. Les sujets de plaintes viennent ordinairement d'une dispute de Bergers, d'un mouton volé; quelquefois d'un fort soupçon inspiré par l'imprudence du Berger de garde.

Sur le rapport de celui-ci, la Colonie s'assemble ; on délibere si on prendra les armes, ou s'il est plus convenable de dissimuler. Si la guerre est résolue, on tâche d'inspirer par la patience, de la sécurité au Peuple qu'on veut combattre. On prend son tems pour fondre inopinément sur lui. Rien n'est épargné alors, ni l'âge, ni le sexe. Toute la Colonie est détruite ; les uns périssent sur le champ de bataille, les autres meurent de leurs blessures empoisonnées, le lendemain, & quelquefois le jour même du combat. C'est ainsi qu'on fait la guerre dans ces Contrées. Je reviens à ce qui regarde le Gouvernement.

Les soins du ménage sont départis aux femmes. Les Hottentots vivent de légumes & de la chair de leurs troupeaux de Moutons & de Bœufs. Les hommes préparent les viandes, les dépêçent & les livrent aux femmes. Le foin de ramasser les légumes ne les regarde pas.

La journée d'une ménagere est ainsi partagée. Elle sort le matin du village, accompagnée de ceux de ses enfans qui peuvent la suivre: elle porte les autres à bras ou sur le dos. Elle s'avance dans les bois, parcourt les bords des rivieres, pour y prendre les légumes, les racines ou les fruits sauvages qui lui conviennent. Le légume dont les Hottentots font plus de cas, est une espéce de Navet de la figure d'un oignon plat, excepté que ces Navets sont beaucoup plus larges. La femme, après avoir fait sa provision, revient au Village, & dépose dans sa cabane ce qu'elle a rapporté.

Elle

Elle allume le feu de la maniere qu'on trouvera décrite ci-après. Il y a devant chaque Cabane une large pierre qui sert de foyer. On la couvre de bois, & l'on y porte le feu auquel on fait cuire la viande ou les légumes. Lorsque le repas a été préparé, la Ménagere assemble sa petite famille & va éveiller son Mari, s'il n'est pas en tour de garder les troupeaux. On s'assied à terre, & chacun prend sa réfection.

On voit aussi quelque Gibier dans les forêts & dans les plaines. Les Hottentots en tuent lorsqu'il est abondant, & vivent de cette chasse.

Dans ces pays barbares, le sexe a ses appas, qu'il tâche de relever par le secret d'un art qui lui est propre, & qui sûrement ne réussiroit point parmi nous. Les femmes sont vêtues de peaux de Moutons, ainsi que les hommes, la laine en dehors pendant l'été, & en dedans pendant la saison de l'hiver. Les Moutons du Cap sont de deux sortes ; les uns sont couverts d'un poil ras comme nos chiens ; les autres portent des toisons & une queue fort grosse, large & applatie, du poids de huit à dix livres, qui n'est qu'un amas de plusieurs pelotons de graisse.

Les femmes se couvrent les épaules d'une premiere peau en forme de mantelet ; de façon que ses deux extrémités se réunissent sur la poitrine, & laissent la gorge à découvert. Elles se couvrent le reste du dos & le bas ventre avec une seconde peau qui descend jusqu'aux genoux. C'est ainsi qu'elles se garantissent des injures de l'air.

Celles qui ont l'ambition de plaire, se font des colliers de coquillages qu'elles portent autour du col. Elles rendent luisans leurs visages, leurs poitrines, & toutes les parties nues de leurs corps, en frottant ces parties avec la graisse d'une queue de Mouton, qui leur tient lieu de la plus précieuse essence. Elles se nouent les cheveux. Une Dame Hottentote ainsi ajustée, a épuisé tous les secrets de l'art, & pour peu que la nature l'ait favorisé du côté de la figure & de la taille, son amour-propre est flatré, & la satisfaction qu'elle en conçoit, est portée à son comble.

Les mœurs des Sauvages du fond de l'Afrique différent peu de celles des Hottentots. Un riche Particulier de Hollande, avec qui feu M. de la Caille avoit eu quelques liaisons au Cap, lui raconta qu'ayant eu la curiosité de pénétrer de fleuves en fleuves, plus de 500 lieues avant dans l'intérieur de l'Afrique, il avoit reconnu dans toutes les Peuplades qui l'habitent, une uniformité parfaite d'usages & de conduite. Il voyageoit dans un Canot bien approvisionné, accompagné de quatre Soldats & de deux Domestiques.

Le pays ne laisse pas d'être garni d'Habitans, suivant son rapport; il faisoit peu de lieues sans appercevoir des cabanes. Il mit pied à terre en quelques endroits avec les précautions que la prudence exigeoit. D'abord il témoigna par ses gestes qu'il ne vouloit que du bien à ceux qu'il venoit visiter; & pour leur en donner des marques sensibles, il tira de sa poche plusieurs de ces Images, dont on donne à Paris trois pour un liard. Les plus distingués des Sauvages reçurent ce présent comme des merveilles qu'ils avoient peine à comprendre. On s'empressa d'apporter aux pieds de l'Européen, en signe de reconnoissance, toutes les espéces de provisions que le Sol produisoit. Ce Hollandois se retira enfin sur son bord, conduit par une foule de Sauvages qui s'empressoient de lui témoigner la satisfaction qu'ils avoient eue de le voir.

L'Auteur de ce récit ajoûtoit, qu'il avoit remarqué parmi tous ces Peuples que nous nommons *Sauvages* & *Barbares*, une façon de penser uniforme, touchant l'hospitalité qu'on doit aux Etrangers, la compassion pour les malheureux, l'assistance des malades, & une pratique soutenue de toutes les maximes fondamentales du Droit Naturel.

Sur l'objection qu'on lui fit, que plusieurs Européens ayant abordé chez quelques-uns de ces Peuples, y avoient été cruellement mis en piéce, il exposa deux circonstances qui pouvoient donner lieu à ce traitement.

La premiere est, lorsqu'on entreprend de les chasser de leurs possessions, de leurs cabanes & de leurs villages ; ce qui est arrivé plusieurs fois du côté du Cap. Un tel traitement excite naturellement l'esprit d'indignation & de vengeance ; ils cédent à la force, mais malheur à l'Européen qu'ils peuvent trouver seul ou sans armes, après ces sortes de transplantations forcées ; ils usent de représailles sur sa personne. C'est ce qui fait qu'en général les Hottentots qui composent les Villages voisins des possessions des Hollandois du Cap, reçoivent quelquefois assez mal les Européens qui les visitent.

A l'égard des Sauvages de l'intérieur de l'Afrique, qui n'ont rien à craindre pour leurs possesfions, ils demeurent conftamment attachés à ce principe de la Loi Naturelle, *de ne faire à autrui que ce qu'ils défirent leur être fait à eux-mêmes.* Ceux qui trouvent la mort parmi ces Peuples, ou qui fe plaignent de leurs mauvais traitemens, font des gens qui fe préfentant avec un air menaçant, préviennent mal en leur faveur ceux qu'ils vifitent. Les Sauvages raffemblés par un foupçon légitime, tâchent de l'entourer, & pour peu qu'il veuille fe faire jour à travers la multitude à la faveur de fes armes, il eft accablé de mauvais traitemens.

Ces traits hiftoriques fourniffoient à M. l'Abbé de la Caille des réflexions bien judicieufes fur le contrafte, fur le Gouvernement des Sauvages, comparé avec les mœurs des Peuples policés de l'Europe, chez qui la Loi

Naturelle est violée à chaque instant, par les dispositions des Loix mêmes. Le droit de Varech qui prive souvent les Propriétaires de Vaisseaux de leurs effets naufragés ; les frais immenses, & la longueur des procès qui assujettissent le pauvre à la cupidité du riche ; la faveur qui avance la fortune de l'intriguant, & souvent du méchant, tandis que l'homme utile ou le bon citoyen languit dans la misere ; les dissentions domestiques, les meurtres, les vols, les haines implacables & leurs suites, ne sont-ils pas autant de dispositions ou d'événemens contraires aux premiers principes ?

Préjugés à part, lequel des deux Peuples est préférable à l'autre, de celui qui cultive les arts, & qui invente des exceptions contraires aux régles de la Loi naturelle ; ou de celui qui content du premier néceſſaire ſe conduit ſuivant les maximes d'une équité ſtricte & ſcrupuleuſe ? La cauſe eſt à juger. La déciſion dépend des qualités & des diſpoſitions des Arbitres ?

L'extrémité de l'Afrique qui ſe termine au Cap de Bonne-Eſpérance, eſt entremêlée de plaines ſablonneuſes, de bois & de hautes montagnes, de vallées où coulent des ruiſſeaux & des rivieres. Les plaines de ſable ſont dangereuſes à parcourir. Ce ſable eſt mouvant, les vents l'amoncelent, & le diſſipent. Il couvre des buiſſons de ronces, d'épines, de morbois, qui déchirent les jambes de ceux qui s'y enfoncent, s'ils n'ont pas la précaution de les garantir par des bottes molles, ou par des guêtres de cuir. Le plus ſûr eſt de ne pas s'y engager.

Un autre inconvénient de ces

fables, encore plus dangereux, est qu'ils sont remplis de serpens & d'insectes venimeux, dont les piquures sont mortelles. Les Européens se préservent de ces piquures en portant des bottes molles. Quant aux esclaves & aux Hottentots dont la plupart marchent pieds nuds, leurs maîtres, lorsqu'ils les envoient au loin, les garnissent d'une provision de petits oignons blancs, dont le jus appliqué sur la blessure, en dissipe le venin sur le champ.

Les arbres des jardins & des bois sont aussi infectés de serpens de plusieurs espèces, & il est dangereux de se promener dans les jardins à certaines heures.

Nous avons cru devoir placer ici ces Notions préliminaires, pour servir d'introduction, & pour préparer aux Remarques qui suivent.

REMARQUES

De M. l'Abbé de la Caille sur les Coutumes & sur les Mœurs des Habitans du Cap de Bonne-Espérance, & sur celles des Hottentots.

FAUTE de tems & d'occasion d'amasser des Mémoires propres à faire une Histoire complette du Cap; je mettrai ici les réflexions que j'ai faites, & les faits certains qui sont parvenus à ma connoissance, sans suivre d'ordre de matiere; mais seulement à mesure que l'occasion s'en présentera.

Art. 1.

Le terrein du Cap, pris en

général, n'est pas excellent. On doit l'abondance qu'on trouve ici, * 1°. au choix qu'on a fait des meilleurs terreins. 2°. à la température du climat qui est telle qu'il n'y a rien à craindre de la gelée, de la grêle qui ne tombe guères que sur les montagnes, &c. 3°. à l'engrais des terres que le nombre considérable de moutons qu'on éleve ici, rend très-facile. 4°. à la nouveauté de ces terres qui ne sont pas encore fatiguées, & qu'on laisse néanmoins reposer au moins aussi souvent qu'en France.

Art. 2.

Les Montagnes de la Table & du Diable étant presque à pic dans toute leur étendue, il arrive une chose singuliere, c'est que les Maisons qui étant placées au Sud de ces Montagnes semblent à couvert des vents de Sud-Est,

* Ceci a été écrit sur les lieux.

font cependant celles qui en souffrent le plus, tandis que celles qui font au Nord de ces Montagnes, & qui par conséquent semblent les plus exposées au vent de Sud-Est, ne s'en ressentent presque pas. J'ai vu souvent que le vent de Sud-Est étoit terrible au Cap, tandis qu'on n'en sentoit rien à Constance, & dans la partie du Rond-Bosch, qui est vers le Nord, & plus au pied de la Montagne, comme est le Newland & le Paradis. Au contraire, on assure que lorsque les vents de Nord-Ouest sont furieux, il est impossible de rester au Newland & au Paradis : ce qui prouve que les vents violents étant arrêtés au pied de ces Montagnes, s'élevent vers leur sommet, & qu'étant amoncelés là avec celui qui souffle en rasant la Montagne, ils trouvent à son défaut une espéce de précipice dans lequel ils s'engouffrent comme s'ils tomboient du haut de la Montagne. Ceci est encore confirmé par le mouvement du nuage qui couvre la Table pendant la fureur des vents de Sud-Est. On le voit se précipiter du sommet de la Montagne, en tombant à plomb le long d'elle, mais en se dissipant à mesure qu'il descend ; ensorte qu'il est invisible, dès qu'il est arrivé au tiers de la hauteur de la Montagne.

Art. 3.

Quoique les viandes fraîches & le poisson soient très-abondans au Cap, cependant les Habitans ne se régalent que de viandes ou de poissons salés & fumés : ou même de poissons séchés qu'ils mangent légerement grillés avec force poivre, & du pain trempé dans de l'eau chaude. Les Dames aiment extrêmement toutes les espéces d'achards qui sont des légumes ou fruits salés, & confis au vinaigre, sans épargner les épices. J'ai assisté à plusieurs repas de cérémonie, où les plats d'honneur étoient du Stocfich dur & jaune, & des Jambons d'Europe à demi pourris : le lard bien jaune & rance. On avoit garde de toucher aux viandes fraîches qui y étoient servies à la vérité avec profusion, mais pour faire nombre. Une Dame (Mme Lanu), qui demeuroit à la campagne au pied de la Montagne appellée *la Tour de Babylone*, étant venue passer quelques jours au Cap, logea chez M. Bestbier ; elle s'en retourna un peu incommodée, & mourut même quelques jours après. Elle attribuoit sa maladie à ce qu'elle n'avoit mangé que des viandes fraîches chez M. Bestbier : enfin les plus beaux présens que les Capitaines des Vaisseaux qui relâchent au Cap, puissent faire, ce sont des morceaux de bœuf salés en Europe, & destinés à la nourriture des équipages : plus ces viandes sont noires, plus elles sont du goût des Habitans.

Art. 4.

La plûpart des légumes au Cap sont aussi bons, que j'en aye mangé en France ; il faut en excepter l'Asperge, qui ne croît pas mieux que celui qu'on fait venir dans les caves pendant l'hiver à Paris ; le Celeri qui y est petit & racorni. En récompense les Carottes y sont excellentes, même crues ; toutes les espéces de Chous y sont très-bonnes. A l'égard des fruits, je ne trouve guères que la Pêche & l'Abricot qui sont aussi bons qu'on en puisse trouver en France : mais il n'y a pas une bonne Prune, quelques Pommes passables, entre'autres la Reinette & le Calville, pas une bonne Poire, si ce n'est la Bergamote, qui est passable ; les Figues médiocres ; les Oranges sont beaucoup moins bonnes que celles de Portugal, quoiqu'il y en ait de presque toutes les espéces ; je n'en ai pas goûté une qui me fît plaisir. Les Fraises y sont bonnes, & la plupart des Raisins exquis. Il y a peu de Cerises qui sont plus douces qu'en France, presque pas de Groseilles. Il y a des Noix en assez grande abondance ; mais je n'ai pas mangé de cernaux : elles sont rances en peu de tems : les Melons ne sont bons que la premiere ou la seconde année que la graine est venue d'Europe ; ils dégénerent trop dans la troisiéme. A l'égard des fruits des Indes ou des Pays-chauds, on y trouve le Melon d'eau qu'on dit passable; mais je n'ai pu m'y accoutumer; la Gouyase, qui est la Grenade, y est bonne. Tous ces fruits & légumes ont été apportés au Cap, & l'on n'y trouve rien de particulier ou naturel au pays, que quelques bulbes de plantes qui sont assez douces; la Figue Hottentote, & le Raisin Hottentot, & quelques autres bayes que les Noirs mangent lorsqu'ils en trouvent.

Quelque abondans que soient les fruits & les légumes au Cap, ils sont cependant fort cher: le meilleur marché qu'on ait d'une botte des plus communs, & dans le tems où il y en a le plus, par exemple, des Carottes, des Navets, &c, c'est un double sol du pays qui revient à quatre sols de France: encore ces bottes sont-elles assez petites, & suffisent à peine pour faire un plat médiocre.

Art. 5.

L'on peut dire que l'hiver est la belle saison du Cap ; car outre qu'il n'y fait jamais assez froid pour avoir besoin de se chauffer, c'est que l'on a souvent six, sept ou huit beaux jours sans vent ni chaleur incommode, tels que sont les plus beaux jours du mois de Septembre en France. Il est vrai qu'il arrive aussi que l'on a du vent, de la pluie, du brouillard, & du tems couvert pendant cinq ou six jours de suite ; mais ces sortes de variations n'étant pas subites comme en France, c'est-à-dire, le tems se maintenant assez constant pendant plusieurs jours de suite, soit en beau, soit en mauvais, on peut dire que le mauvais tems est bien racheté par le beau qui lui succede : au lieu que dans l'été, ou il fait un vent furieux & froid qui vous empêche de sortir, qui vous oblige à fermer portes & fenêtres, & à vous tenir renfermé; ou bien il fait une chaleur incommode qui ne vous permet pas de vous exposer à l'air avant le soir assez tard. L'hiver n'est incommode au Cap que pour les Voyageurs, à cause des rivieres.

Art. 6.

Le revenu des Habitans du Cap qui sont établis à la campagne au loin, consiste dans la vente de leurs bestiaux & dans le beurre. Ceux qui sont à 60 ou 80 lieues y viennent deux ou trois fois par an ; ils apportent une grosse carotte pleine de beurre salé qu'ils vendent pour avoir de quoi acheter leurs provisions. Le beurre salé vaut communément au Cap un escalin la livre: c'est à peu près 12 sols de France;

mais le beurre frais y est bien plus cher, je l'ai vu acheter 32 sols de France dans le tems où la saison commençoit à être bonne pour les pâturages : l'on vend le beurre salé de Hollande pris dans les Magasins de la Compagnie, pour deux escalins : on auroit de la peine à croire que dans un pays où les principales richesses sont les bestiaux, le beurre & le lait y soient si cher: l'on y fait un peu de fromage de petit-lait ou de bas-beurre, encore est-il assez mauvais : les Habitans riches sont accoutumés à manger leur beurre salé couvert de fromage de Hollande, ce qui en ôte le goût un peu rance. Il faut avouer aussi que la difficulté qu'il y a de traire les Vaches qui sont bien moins traitables qu'en Europe, & l'usage de laisser ce soin aux esclaves, rendent le lait peu commun dans la maison de campagne la plus riche en beſtiaux : d'ailleurs les Vaches en ont moins qu'en Europe. J'ai demeuré quelques jours dans une habitation au Groene-Kloof où il y avoit plus de 200 bêtes à cornes, & d'où l'on envoyoit tous les matins à une demi-lieue de-là chercher du lait pour faire le caffé le matin. On nourrit au Cap les enfans avec de la ſoupe, & non pas de la bouillie.

Art. 7.

Les Habitans du Cap ne ſçavent pas encore tirer un bon parti des productions du pays; ils ont fait au commencement de leur établiſſement des expériences pour trouver les tems les plus propres à labourer, à fumer les terres & à les enſemencer; mais ils ſe contentent d'avoir réuſſi dans cette partie, & ils ont négligé la façon & la conſervation des vins. Le vin qu'on recueille ordinairement ici feroit auſſi bon que notre meilleur vin Muſcat de Frontignan ou de Lunel, s'ils ne fumoient pas trop ſouvent leurs vignes, & s'ils ſçavoient le faire ou le bien traiter. Ils ſont obligés pour le conſerver de le ſouffrer au point qu'il en devient non-ſeulement piquant, mais déſagréable à boire. Le Général Imhof avoit fait venir de Francfort un nommé Serturier, qu'il croyoit fort propre à faire les recherches néceſſaires pour conſerver le vin, & même pour le faire ; mais cet homme, qui ne connoiſſoit bien que les façons qu'on fait au vin du Rhin, après avoir été cinq ans aux gages de la caiſſe Bourgeoiſe, trouva une riche veuve qu'il épouſa, & ſe fit Marchand de vin, ſans chercher d'autre méthode que celle qui eſt en uſage dans le pays.

Art. 8.

L'usage de ce pays est de porter tout sur des charriots peu longs, & peu larges; il est vrai qu'on ne manque pas de Bœufs ni même de Chevaux pour les tirer; mais le prix de ces charriots rend cette maniere de voiturer très-couteuse: un charriot ne coûte guères moins que 120 écus de Hollande: plusieurs passent 140, & lorsque ceux qui s'en servent demeurent loin du Cap, au delà des Grosses Montagnes, un charriot ne leur fait guères de voyages tant à cause de la quantité de roches qui leur font faire des cahots très-rudes, qu'à cause de la vitesse avec laquelle les Bœufs tirent souvent ces charriots.

Art. 9.

Il faut cependant faire un assez grand

grand nombre de voyages au Cap, sur-tout pour livrer les bleds; & de là vient qu'on tire si peu de profit des habitations à bled un peu éloignées, & qu'au de-là d'une certaine distance on ne peut faire que des habitations pour des bestiaux seulement. Cependant on nourrit dans la plupart des habitations un grand nombre de Chevaux qui vont en grosses troupes paître toute l'année, & n'ont d'autre fonction qu'à fouler le grain après la récolte, & quelques-uns à traîner la herse après les semailles. Personne ne s'est avisé ou n'a osé commencer à les charger d'un sac de bled pour les envoyer au Cap ; ce qui ne seroit d'aucun frais, & ménageroit les charriots. Aussi les sacs dont on se sert ici ne sont-ils guéres propres à suggérer cette idée ; car ils font fort courts & fort larges.

Art, 10.

Avec les meilleurs fromens du monde la plupart des Habitans à la campagne font de très-mauvais pain : c'est en partie la faute de leurs moulins, soit à bras ou à vent ou à eau ; ils ne broyent le grain qu'à demi, plusieurs l'écorcent à peine : on ne sépare guères le son d'avec la farine ; avec cela à peine donnent ils à leur pain la façon nécessaire, de sorte qu'il est noir, lourd, gras, & dans plusieurs endroits on compteroit les grains de bled dont il est composé. Les maîtres & les esclaves mangent le même pain. Il y a cependant quelques Paysans qui font de bon pain pour leur table.

Art. 11.

Les bêtes farouches sont à présent fort éloignées du Cap. Dans tout l'espace renfermé entre la chaîne de Montagnes qui va de l'entrée Orientale de la fausse Baye jusques au-de-là de la Baye Sainte-Hélene, on ne trouve que quelque gibier. Il n'y a ni Eléphans, ni Lions, ni Elans, ni Anes, ni Chevaux sauvages. Quelquefois cependant dans les mois de Décembre & de Janvier, il vient quelques Eléphans jusques à Berg-Riviere, parce que la côte Occidentale du Cap est d'une sécheresse extrême. Un Lion qui se trouveroit dans l'espace que j'ai nommé, y causeroit une allarme générale.

Les bêtes farouches qui sont dans les cantons les plus reculés de la possession des Hollandois, n'attaquent personne, & fuyent même à la vue d'un homme, pourvu qu'elles ne se trouvent pas surprises : c'est pour éviter cet accident que les Voyageurs qui arrivent vers le bord d'une riviere, (retraite ordinaire de ces animaux, tant à cause de l'eau, que parce que ces bords sont plus couverts de bois & de hautes broussailles), s'arrêtent avant que d'approcher de l'eau, font claquer leurs longs fouets, ou tirent des coups de fusils. Alors s'il y a quelque Lyon, Tigre ou Eléphant dans le voisinage, il s'éveille & se retire. Il n'y a pas beaucoup de gros Tigres, mais un grand nombre de fort petits, qui la plupart ne sont que des Chats-Tigres. Les animaux qui font tort aux Habitans, sont les Loups, les Tigres, les Chiens sauvages, & les Renards appellés *Jacals*. Lorsqu'un Loup entre dans un parc à Moutons, ces animaux ont une telle frayeur qu'ils se jettent dans un coin, se serrant les uns contre les autres, ensuite montant les uns sur les autres, de sorte que pour une Brebis que le Loup aura tuée, il y en a quelquefois 30 ou 40 étouffées ; il en est de même des Tigres. Les Jacals n'attaquent guères que les Agneaux ; mais les Chiens sauvages ne courent jamais que le jour. S'ils rencontrent un troupeau de Moutons, & si le Berger est endormi, ou ne les apperçoit pas pour les chasser, ils se jettent sur ces pauvres bêtes, & en quelques minutes ils en étranglent un très-grand nombre. Le Loup attaque quelquefois les jeunes Bœufs & les jeunes Chevaux. Il arrive souvent qu'il emporte une bonne partie de la queue d'un Bœuf : mais à moins que le Bœuf ne soit jeune, malade, ou trop affoibli par le peu de nourriture que la terre fournit dans les mois de Janvier & Février, le Loup en tue rarement. Pour le Lion il a coutume de ramper à terre entre les broussailles, & s'approchant doucement d'un Bœuf jusqu'à ce qu'il soit à sa portée, il l'abat d'un coup de patte, puis l'emporte sur son dos sans que rien traîne par terre ; quelquefois il saute dans les Kraats, & jette un Bœuf par dessus les murs.

Art. 12.

Le gibier le plus commun dans le voisinage du Cap, sont, outre différentes espéces d'oiseaux de mer & de Poules-d'eau, le Cerf, qui différe de ceux d'Europe en ce que ses cornes ne sont pas branchues ; elles sont peu hautes & recourbées vers le dos: un grand nombre d'espéces de

Boucs ou Chevreuils, parmi lesquels les plus communs sont les Steinbocks & les Rebocks, les Cochons de terre, les Porcs épics; les Liévres, dont il y a deux ou trois sortes. En oiseaux, ce sont les Autruches qui sont en très-grand nombre, les Corhans & les Phaisans, les Perdrix, les Cailles; mais tous ces animaux sont tout au plus propres à mettre au pot : les Pigeons sauvages qui sont meilleurs rôtis, les Paons, les Oyes & les Canards sauvages. On mange aussi les Marmotes dont les montagnes sont couvertes : mais en général, à la réserve du Steinbock, le gibier n'y est pas délicieux. Il en est de même du poisson dont il y a à peine quatre sortes de bons, parmi lesquelles la meilleure est le Steinbrass. D'ailleurs on en prend fort peu dans la Baye du Cap.

Art. 13.

Il n'y a aux environs du Cap aucune espéce de Perroquet ; il y a une espéce de Singes qu'on appelle *Bavians*, qui sont fort communs & en grand nombre sur ces montagnes ; ils ne se laissent approcher d'aucune maniere, & dès qu'ils apperçoivent quelqu'un en train de monter leurs montagnes, ils font un cri général qui dure une ou deux minutes ; après quoi on n'en voit plus, ou on ne les entend plus. Pendant les neuf jours de séjour que j'ai fait sur Rieber-Castel, je n'en ai vu aucun ni entendu crier, excepté à mon arrivée. Cependant toute la montagne en est couverte : on n'en trouve jamais dans les plaines & hors de leurs rochers : par-là on peut juger de ce qu'on doit penser du Conte que Kolbe nous fait sur les Bavians qui viennent subtilement dérober les provisions des Voyageurs. J'ai bien oui dire aussi qu'ils viennent quelquefois en troupes piller les jardins qui sont au pied des montagnes, qu'ils mettent des sentinelles, & qu'ils se jettent les uns aux autres les fruits qu'ils prennent; mais supposé que tout cela soit exactement vrai, les autres circonstances merveilleuses qu'on y ajoûte, sont purement imaginaires : au reste ils sont ordinairement fort grands, & tels que dressés sur leurs pieds de derrière ils peuvent atteindre un homme de taille médiocre au visage. Quelques Habitans à la campagne en tiennent enchaînés à un poteau ; mais ils ne leur donnent jamais la liberté : lorsqu'on leur jette quelque chose à manger, comme du pain, des fruits ou des légumes propres à faire des salades, ils le saisissent avec une avidité extraordinaire, & l'ayant cassé avec leurs pattes de devant, & broyé grossiérement avec les dents, sans le mâcher, ils le font passer entre leurs dents mâchelieres & leurs joues, qui s'enflent alors, & leur servent de réservoir : aussi-tôt qu'ils ont ainsi amassé tout ce qu'ils ont pu prendre, ils se mettent à mâcher tranquillement, & par petites parties, ce qu'ils ont mis ainsi en réserve ; & pour faire sortir ce manger hors de leurs poches ou joues, ils le pressent avec la patte, ou bien ils appuyent leurs joues contre l'épaule voisine.

Art. 14.

Le vin de Constance qu'on

débite en si grande quantité en Europe, doit être un vin bien falsifié. Il n'y a que deux habitations contigues à Constance où le vrai vin croît, & dans les meilleures années ces deux habitations ne peuvent fournir ensemble plus de 60 lécres de vin rouge, & 80 ou 90 de blanc. La lécre tient environ 600 pintes de Paris; année commune on compte en tout 120 lécres.

Art. 15.

Une des grandes incommodités du Cap pour ceux qui voudroient chasser à cheval ou traverser les plaines hors des chemins, ce sont de longues galleries souterreines que font les Taupes dans le sable. Votre cheval fléchit à chaque instant, tantôt d'un pied, tantôt d'un autre, quelquefois des deux à la fois jusques aux genoux ; si l'on est à pied, on tombe de même : ces Taupes sont fort grosses & de la taille d'un chat de quatre mois, au lieu qu'en France elles sont de la taille d'un chat naissant. Les Lévriers sont dans ce pays des animaux fort inutiles.

Art. 16.

Ce qu'on trouve dans Kolbe, ou dans les Extraits ou Traductions qu'on en a à ce sujet, de la maniere de prendre les Elans, est véritable. A l'égard des Steinbocks qui viennent souvent dans les vignes, cet animal n'est guères plus gros qu'un Renard ordinaire : mais l'Elan est ordinairement plus gros que les plus grands chevaux de Frise ; il pese 8 à 900 livres; il est facile à tuer, parce qu'il ne se défend pas. Un Cavalier bien monté le poursuit pendant un quart-d'heure ou une demi-heure ; alors il est si fatigué qu'il s'arrête & se laisse approcher ; on lui tire un coup de fusil à la tête à bout portant. La balle doit être de deux ou trois onces, & moitié plomb & moitié étain. Le plus vigoureux homme ne le perceroit pas avec une excellente épée, tant sa peau est dure.

Art. 17.

Pour voyager avec quelque agrément dans la partie qui est au Nord du Cap, & dans les endroits qui sont au-de-là des grandes chaînes de Montagnes qui vont de la Fausse-Baye au Nord, il faut avoir une bonne provision de vin, ne point l'épargner dans les habitations où vous entrez pour diner ou pour coucher ; alors vous êtes toujours bien venu ; on vous prête volontiers Chevaux, Bœufs, Chariots, Guides, &c : sans cela on vous fait maigre chere & pauvre mine : le vin, l'eau de vie ou l'arrach & le tabac, sont ici le meilleur passeport qu'on puisse avoir.

Art. 18.

Les Européens du Cap naturellement paresseux, ne se donnent pas la peine de faire leur beurre comme en Europe : dès que le lait est tiré, ils le mettent dans une grande baratte ; ils attendent pendant deux ou trois jours que la baratte soit à-peu-près à moitié pleine ; ensuite ils battent le lait sans autre façon : aussi le meilleur beurre du Cap n'est pas si estimé que celui qui vient d'Europe.

Art. 19.

On fait au Cap de fort mauvaife bierre, foit ignorance, foit pareffe, foit qu'on y emploie du houblon gâté; car on ne fe fert que de celui qu'on fait venir de Hollande. Les riches habitans achetent la bierre de Hollande à trente écus la barrique de 180 médiocres bouteilles : ce qui revient à feize fols de France la bouteille.

C'eft l'ufage ici & peut-être en Hollande, que dans les bons repas, on vous préfente de la bierre après les deux ou trois premiers coups de vin que vous avez bu.

Art. 20.

On plante ici les vignes dans les fonds, & les bleds fur les hauteurs, lorsque les habitations en sont voisines.

Art. 21.

Dans le commencement de l'établissement de cette Colonie, on a donné les habitations pour rien ; elles comprenoient environ un lieue de terrein en quarré. Les Gouverneurs s'étant mis ensuite sur le pied de les vendre, & même bien cher, il a été réglé que ceux qui prendroient de nouvelles habitations, payeroient à la Compagnie un écu par mois; que celui qui voudroit établir quelque pâturage pour ses bestiaux, le terrein lui seroit cédé pour six mois à un écu par mois, ou pour un an à 12 écus. A présent la régle est que celui qui veut établir une nouvelle habitation, se soumette à payer à la Compagnie, 24 écus par an, qui sont hypothéqués sur l'habitation même ; & celui qui vend une habitation ou sa maison, donne à la Compagnie le quarantiéme du prix convenu.

Art. 12.

Les fourmillieres sont extrêmement communes au Cap, surtout dans le Swartland ; on ne peut faire dix pas sans en trouver une : il y en a de fort grosses : j'en ai vu qui avoient bien près de quatre pieds de base, & plus de deux de hauteur : leur forme est à-peu-près hémisphérique ; assez souvent elle a la figure d'un hémisphéroïde allongé. Quoiqu'elles soient faites dans du sable très-mouvant, elles sont si dures qu'on ne peut les briser sans de grands efforts, & qu'un charriot chargé ne peut les écraser. On n'y voit aucune issue. A la fin d'Octobre & au commencement de Novembre, les Fourmis y ajoutent une nouvelle couche, tantôt au sommet, tantôt sur un des côtés ; pour cela elles percent quelques trous, & les recouvrent d'une nouvelle couche faite en forme de galeries ; cette couche est long-tems sans durcir comme le reste : elle a environ un pouce d'épaisseur : ayant brisé plusieurs de ces fourmillieres au mois d'Octobre, j'y ai trouvé une quantité prodigieuse de Fourmis encore blanches, d'autres noires, & quelques-unes plus grandes, avec des aîles blanches & fort longues. Les Cochons de terre font dans ces fourmillieres sur un des côtés, un trou d'environ huit pouces de diametre, & de six pouces de profondeur : lorsqu'ils ont ainsi dépeuplé une fourmilliere, elle reste ordinairement abondonnée ; mais quelquefois aussi les Fourmis la réparent.

Art. 23.

La Colonie du Cap consiste présentement en trois Jurisdictions & six Paroisses ; la premiere Jurisdiction est celle de la Ville du Cap qui n'a qu'une Paroisse, mais où le Conseil de Justice décide & juge par appel : la deuxiéme est celle de Stellenbosch & Drakestein, où il y a un Landrost & des Conseillers qui s'assemblent au Village de Stellenbosch ; il y a quatre Paroisses de son ressort, celle de Stellenbosch, celle de Drakestein, celle du Swartland, & celle qui est au de-là des Montagnes du Sable Rouge. La troisiéme Jurisdiction s'étend sur tout le pays qui est au-de-là de la grande chaîne de Montagnes qui s'étend du Sud au Nord. Elle s'appelle la Schwellendham, du nom de M. Schwellengrebet, Gouverneur, prédécesseur de M. Tulbagh, qui a établi une Paroisse & un Conseil composé d'un Landrost, & de plusieurs Conseillers.

Art. 24.

Les plaintes des habitans du Cap contre le Gouvernement sont, 1°. de ce qu'on ne veut pas leur permettre de vendre leurs bleds aux étrangers. 2°. De ce qu'on ne veut pas leur laisser armer quelques Vaisseaux de côte, pour trafiquer dans le voisinage, & sur-tout pour aller chercher des bois de charpente & de menuiserie. 3°. De ce que l'intérêt de l'argent qu'on emprunte pour ses besoins est à six pour cent avec deux bonnes cautions ; que les frais des emprunts étant considérables à cause du papier timbré & des droits du Conseil, les prêteurs sont néanmoins en droit de reprendre leur argent en avertissant trois mois auparavant. 4°. De ce que les deux tiers des habitans étant Luthériens, on ne veut pas leur permettre d'avoir des Ministres de cette Religion qu'ils s'offrent d'entretenir à leurs dépens. 5°. De ce que l'on souffre des Chinois bannis de Batavia, qui ne vivent que des vols que font les esclaves ; ils achetent les vols & les revendent.

Art. 25.

Les habitans du Cap ne prennent aucun soin de l'instruction de leurs esclaves qui sont un mêlange de Payens, de Mahométans,

& de quelques Chrétiens. On ne leur parle jamais de religion ; & ceux qui font nés dans le pays n'en n'ont aucune idée, qu'autant qu'ils voyent leurs maîtres s'assembler dans les Eglises : aussi tous ces esclaves sont-ils extrêmement adonnés à toutes sortes de vices : les filles sur-tout sont des plus effrontées, elles ne veulent pas se marier ; mais après avoir été le jouet des blancs dans leur premiere jeunesse, elles s'abandonnent à toutes sortes de personnes qu'elles agacent publiquement dans les rues : ce désordre occasionne un grand nombre de batteries, & même des assassinats causés par les jalousies ; ce qui joint à l'abondance du vin, de l'arrach & de l'eau-de-vie, fait qu'il y a peu de maisons dans lesquelles il n'y ait presque tous les jours tapage. Lorsque quelque maître veut affranchir un esclave, on le baptise, puis on le reçoit Bourgeois ; mais ce cas est assez rare, parce que le Maître est alors obligé de consigner 500 écus à l'Eglise pour l'entretien de ce Noir, en cas qu'il ne puisse gagner sa vie. La raison qu'ils rendent de ce qu'ils n'inspirent aucun sentiment de religion à leurs esclaves, c'est que ceux de la Compagnie sont instruits par des Catéchismes qu'on leur fait à certains tems & jours, & que cependant ils sont encore de plus grands scélérats que les esclaves des Bourgeois. Mais si l'on fait attention à la maniere dont ces instructions sont faites, & à ce que les enfans, au sortir de-là, sont envoyés à la loge avec leurs meres qui vivent dans le plus affreux désordre ; tellement que les Soldats & Matelots, &

même les autres Noirs, y font continuellement en débauche, & que le prix de la plus belle n'est que de deux escalins ; on peut bien juger que les bonnes intentions de la Compagnie sont bien mal suivies, & qu'il seroit à désirer que l'on n'instruisît pas plus les enfans des Noirs de la Compagnie, que l'on ne fait ceux des Bourgeois, à qui l'on n'inspire que la crainte du fouet.

NOTES

NOTES
ET
REFLÉXIONS CRITIQUES.

NOTES
ET
RÉFLÉXIONS CRITIQUES
SUR LA DESCRIPTION
DU CAP
DE BONNE - ESPERANCE,
PAR PIERRE KOLBES.

Remarques préliminaires sur l'Ouvrage & sur la personne de Pierre Kolbes.

„ LA description du Cap de
„ Bonne - Espérance par
„ Pierre Kolbes, a rendu célèbre
„ le nom de cet Ecrivain, dans
„ la République des Lettres.
„ M. l'Abbé de la Caille ayant
„ acheté, à son départ pour le

O ij

» Cap, l'Ouvrage de Kolbes,
» comme un guide assuré, fut
» très-surpris, en arrivant sur les
» lieux, de voir que la Relation
» de Kolbes portoit à faux dans
» presque toutes ses parties,
» & qu'au lieu d'une description
» exacte, l'on n'avoit dans les
» trois volumes de cet Auteur,
» qu'un Roman tissu de fables.

» La franchise sévère, dont M.
» de la Caille faisoit profession,
» l'indisposa beaucoup contre le
» procédé de Kolbes. Il fit des re-
» cherches sur sa personne, &
» sur les causes qui avoient don-
» né lieu aux erreurs répandues
» dans son Ouvrage. Il apprit les
» particularités, qui sont se-
» mées dans plusieurs endroits
» de ce Recueil ; & il a fait part
» de ce qui suit, à plusieurs de
» ses amis, en conversant avec
» eux, quelques années avant
» sa mort.

» Le terme de la mission de
» Kolbes étant presque expiré,
» il se trouva que pendant son
» séjour au Cap, il n'avoit fait
» que boire & fumer. Ne sçachant
» que rapporter en Europe, &
» que montrer pour fruit de son
» voyage, il s'adressa à quelques
» Habitans du Cap, qui profite-
» rent de l'occasion, pour leur
» propre utilité, & pour la sien-
» ne. Ces Habitans avoient es-
» sayé plusieurs fois, toujours
» sans succès, de faire parvenir
» leurs plaintes en Hollande,
» contre la mauvaise adminis-
» tration de la Colonie du Cap.
» Les Mémoires qu'ils avoient
» envoyés aux Etats de Hollande,
» à ce sujet, avoient été tous in-
» terceptés, & la Colonie conti-
» nuoit de gémir sous l'oppres-
» sion.

» Ils imaginerent de dicter à
» Kolbes une description du

» Cap; & afin de la rendre plus
» intéreſſante en apparence, ils
» raſſemblerent les opinions po-
» pulaires, & en impoſerent à
» Kolbes lui-même, qui ne con-
» noiſſoit pas le pays, par une
» infinité de traits merveilleux
» qu'ils avoient imaginés à plai-
» ſir. Ces oracles de Kolbes pri-
» rent auſſi beaucoup de choſes
» dans la compilation de M.
» Grevenbroeck, dont il a déja
» été parlé; ils ne s'oublierent
» pas dans le cours de l'Ouvra-
» ge; ils y inférerent des Mémoi-
» res ſur le Gouvernement du
» Cap, dans leſquels ils expo-
» ſoient toute l'iniquité de ce
» Gouvernement, & indiquoient
» les moyens d'y remédier. Ces
» choſes expoſées par un étran-
» ger, pouvoient devenir publi-
» ques ſans compromettre per-
» ſonne.

» Kolbes, enchanté du ſervice

» qu'on lui rendoit, partit du
» Cap avec cet Ouvrage. Il le fit
» imprimer en Hollande, com-
» me *traduit de l'Allemand*. L'Ou-
» vrage fut lu avec une avidité
» surprenante. L'édition fut épui-
» sée en peu de tems, & le Gou-
» vernement de Hollande frappé
» de ce qu'on y racontoit sur les
» affaires du Cap, fit des in-
» formations qui se trouverent
» conformes au rapport de Kol-
» bes. On rappella les principaux
» Officiers de la Colonie du Cap,
» & l'on sévit contr'eux à leur
» retour d'Afrique.

» Les Libraires d'Amsterdam,
» témoins du succès de l'Ouvra-
» ge de Kolbes, le firent traduire
» en François ; mais ils en re-
» trancherent tout ce qui avoit
» rapport au Gouvernement &
» aux affaires publiques de la Hol-
» lande, & ne publierent que la
» description merveilleuse con-

» tenue dans le gros Ouvrage. La
» traduction excita d'abord la
» curiosité de tous ceux qui ai-
» ment à se repaître d'histoires
» extraordinaires. Mais on ne tar-
» da pas à reconnoître la fausseté
» des faits.

» M. de la Caille a achevé de
» décider du sort de cet Ouvra-
» ge, par ses Remarques criti-
» ques, & par ses Observations
» sur les mœurs des Habitans du
» Cap. »

Notes & Réflexions de M. l'Abbé de la Caille sur l'Ouvrage de Kolbes.

Tome 1 ; Préface, p. 2 & 3.

Les Notes suivantes feront voir combien il en faut rabattre des choses magnifiques que promet le Traducteur, qui compte sur la bonne-foi de son Auteur, page 5. Kolbes n'a pas appris le langage Hottentot : il l'avoue lui-même : il n'a fait aucun voyage parmi les Hottentots hors des limites de la Colonie : il n'a pas même voyagé dans l'étendue de la Colonie : tous ses voyages se sont bornés à celui de la Ville du Cap, aux Paroisses de Stellenbosch & de Drakestein, & à un voyage aux Eaux-chaudes, qui sont un peu au de-là du Canton appellé *Hottentot-Holland*.

CHAP. III, ART. IV.

Les Hollandois ne firent ni ne pouvoient faire un Traité en forme avec les Hottentots. Van-Riebeck leur donna quelques grains de verre, quelques morceaux de fer & de cuivre rouge ; il les enivra d'eau de vie, ou d'arrack, dans quelques assemblées qui se firent : le tout ne monta pas à 1000 florins ; mais il en mit, selon l'usage, 4000 sur le compte de la Compagnie.

CHAP. IV.

Ce qui est dit ici de la longitude & de la latitude du Cap de Bonne-Espérance, doit faire sentir à ceux qui voient comme cet article est traité, que l'Auteur n'étoit guère capable de les bien déterminer. La latitude que l'Auteur a prise étoit celle qu'on sçavoit alors par tradition 34° 15′ : elle est réellement de 33° 55′ à la Ville : la longitude de Kolbes est celle des Jesuites : il la met de 37° 55′, à l'égard du Pic de Ténérif : la véritable est de 35° 2′.

CHAP. V

Tout ce que Kolbes va dire dans la suite de ce Livre, est tiré des Mémoires d'un certain Grevenbroeck, Secrétaire du Conseil du Cap, lequel avoit mis par écrit ce que les Hottentots, qu'il avoit vus, avoient répondu à ſes queſtions. On peut bien croire que cette ſorte de connoiſſance ſur les mœurs & uſages de ces Peuples devient par-là fort équivoque. Ces Hottentots avoient appris à leurs dépens à ſe défier des nouveaux venus : leurs réponſes ne doivent être guère ſincères. Kolbes, qui n'a pas fréquenté ces Peuples, étoit encore moins à portée que Grevenbroeck, de vérifier leurs réponſes. Ces Remarques doivent nous guider dans la ſuite : en conſéquence j'indiquerai de tems en tems les faits qui m'ont paru fort ſuſpects, ſelon l'idée que j'ai pû me faire de ces Peuples. La tradition des Hottentots ſur le péché originel, & même celle de leur origine de Noé, & de leur ſortie de l'Arche, doivent paroître plus que ſuſpectes.

Dans le même Chapitre, page 50 & 51, la langue des Hottentots n'est pas une espéce de monstre entre les langues : elle m'a paru seulement avoir deux voyelles de plus que celles de l'Europe : ces deux voyelles sont exprimées, l'une par un claquement de langue, & l'autre par un froissement d'air entre la langue & le palais : c'est tout ce que j'ai pû tirer d'un Hottentot que j'ai interrogé & fait parler plusieurs fois.

Chap. VI, Art. III.

Comment les Hottentots peuvent-ils entendre l'Agriculture mieux que les Européens ; puisque c'est un art qu'ils n'ont jamais voulu pratiquer, ni même imaginé de pratiquer ?

Art. IV.

Les Hottentots qui sont répan-

CRITIQUES, &c.

dus dans la Colonie ne font pas plus fages que les efclaves Nègres : les filles Hottentotes s'échappent très fouvent de leurs maifons paternelles pour venir fervir dans les habitations Européennes : elles aident à la cuifine, & fervent d'amufement aux Noirs : ces filles ne font pas naturellement voleufes ; cependant il faut bien enfermer le vin & l'eau-de-vie, dont elles font extrêmement friandes.

CHAP. VII, ART. V, P. 108.

Il eft certain qu'il y a à l'Eft-Nord-Eft du Cap, environ à 150 lieues, une nation qu'on peut appeller blanche en comparaifon de tous les peuples voifins ; ils ont les cheveux longs, & ne font pas plus bafanés que les Chinois qu'on voit au Cap exilés de Batavia : c'eft ce qui leur a fait donner le nom de petits Chinois, par les Européens du Cap.

CHAP. VIII.

Les Hottentots qui sont au service des Européens, ne gardent les habillemens de leur pays que lorsque l'on ne leur en donne pas d'autres. Ils aiment autant à être couverts de haillons de toile bleue, que de leur peau de mouton : les femmes qui peuvent avoir un mouchoir pour s'en couvrir la tête, à la façon des esclaves, sont fort glorieuses.

ART. II.

Les plus belles franges sont des grains de verre enfilés à un fil attaché par un bout : il n'y a pas long-tems que nous avions pris cette mode Hottentote, & que nous étions en cela du goût des Hottentots.

Les ornemens des Hottentots, par exemple, leurs bracelets,

colliers, les courroies aux jambes des femmes, sont grossièrement fagotés & ajustés : il faut bien rayer des hyperboles dans ce Chapitre.

Page 122.

L'Auteur se contredit au sujet des pendans d'oreilles. J'en ai vu de réels, non pas faits de noire de Perle, qui n'est guère connue au Cap ; ce n'étoit autre chose que des petits korits.

Chap. IX.

Les noms de diverses nations Hottentotes, qui sont rapportés ici, ont pu exister du tems de Grevenbroeck : la multiplication des Colons Européens en a fait retirer un grand nombre ; une furieuse maladie épidémique enleva en 1713 presque tous les Hottentots voisins du Cap, un grand nombre de Noirs esclaves,

& même beaucoup de Blancs. Depuis ce tems-là aucune nation Hottentote n'a fait Corps, ou n'a eu de Gouvernement régulier dans toute l'étendue de la Colonie : ceux qu'on y trouve sont ou au service des Européens, ou ce sont quelques familles à qui des Européens permettent de rester sur leur terrein ; de sorte que ces noms sont à présent inconnus au Cap, à la réserve de quelques-uns. Il paroît, au reste, qu'il y a dans ce Chapitre beaucoup d'exagération. Tout le pays depuis le Cap en allant au Nord, jusques bien loin au-delà de la Baye Sainte-Hélene, est sec, sablonneux & presque inhabitable, à la réserve d'un très-petit quartier appellé en Hollandois le *Groëne-Kloof* : comment donc neuf ou dix nations Hottentotes pouvoient-elles y faire leur séjour & y subsister ? Vu la connoissance que j'ai de ces lieux, cela me paroît impossible, à moins que chacune de ces nations ne fût réduite à un simple kraal ou village.

ART. XVII.

Les Buschiesmans sont la plupart ceux des Hottentots, à qui les Européens ont enlevé les bestiaux. Les Hottentots, qui sont au service des Européens, s'entendent quelquefois avec eux pour les aider à voler les Blancs. Je n'ai pas eu d'éclaircissement sur le Chapitre 10.

CHAP. II, ART. I.

Les causes ordinaires des guerres sont, ou pour s'emparer d'un meilleur terrein, ou pour poursuivre un meurtrier, & aller piller ses troupeaux. Leurs guerres ne sont que de vraies irruptions.

Chap. XII.

Il paroît constant par le rapport unanime de ceux qui connoissent bien les Hottentots, qu'ils ne reconnoissent pas un Dieu, à qui il faille rendre quelque culte. Ils n'ont aucune idée de prieres : ils craignent seulement quelques Puissances malfaisantes auxquelles ils attribuent tous les malheurs qui leur arrivent, & qu'ils croyent d'intelligence avec les sorciers. Il y a grande apparence que leur extrême indolence leur a fait oublier la tradition de leurs ancêtres sur cet article. Car un Hottentot met son souverain bien à ne rien faire, même à ne penser à rien.

Page 207.

Les danses des Hottentots à la Pleine-Lune ne sont pas un culte ; c'est un usage. Une grande partie des nations d'Afrique, de Madagascar, & même d'Asie, quoique Idolâtres ou Mahometanes, dansent au clair de la Lune, lorsqu'elle est pleine.

PAGE 209.

Ce que dit Kolbes de l'Insecte qu'on appelle le *Dieu des Hottentots*, n'est fondé sur aucune vraisemblance. On sçait seulement que cet insecte est regardé par les Hottentots comme un animal de mauvais augure : il est assez rare dans les campagnes ; on le trouve plus souvent dans les jardins des Européens : il est fort commun à nos Isles de France & de Bourbon.

PAGE 219.

Kolbes se vante ici d'une ruse dont se servit autrefois un Gouverneur du Cap, nommé Adrien-Vander-Stel, pour se concilier le respect des Hottentots dans une grande assemblée de ces Peuples : à quoi l'on peut ajouter, qu'on dit que ce même Vander-Stel faisoit allumer pendant la nuit devant sa tente un flambeau auquel étoient attachés de petits petards qui s'allumoient de tems en tems, & s'en alloient crever au loin à droite ou à gauche.

Chap. XVI, Page 282.

Comme les Bavians ne quittent pas les montagnes qui leur servent de retraite, je doute fort qu'ils ayent appris aux Hottentots à distinguer les plantes & fruits salubres. Je crois que ceci est un simple bruit populaire.

Page 285.

Le Canna est tout-à-fait différent du Ginseng. J'ai vu l'un & l'autre : ils n'ont aucun rapport ensemble.

Page 293, Art. VII.

Les Hottentots font infuser dans de l'eau, puis fermenter une racine qu'ils cueillent aux mois de Novembre & de Décembre ; ils y mettent du miel qu'on ramasse aussi dans les rochers pendant ces mois : ils s'enyvrent de cette liqueur, & tant qu'elle dure, ils sont absolument incapables de quoi que ce soit au monde ; à peine reviennent-ils de l'assoupissement que la boisson leur a causé, qu'ils en boivent encore. Quand la provision est épuisée, ils restent long-tems malades. La dietre forcée les rétablit.

Page 300.

On ne dit pas bien ici comment les Hottentots font du feu. Ils mettent un brin d'herbe séche dans un trou rond fait dans leur kirri ou bâton ; ils font ensuite tourner dans ce trou un morceau de bois qu'ils font rouler entre leurs mains avec vîtesse.

Chap. XXII.

En général, il n'y a pas de métier particulier chez les Hottentots, chacun y fait ce qu'il a besoin ; aussi, quoiqu'en dise notre Auteur, les chefs-d'œuvre qui sortent de leurs mains ne sont-ils rien moins qu'admirables. Leurs nattes, par exemple, ne sont qu'une enfilade d'une espéce de jonc, dont chaque brin est placé parallelement, & traversé dans son épaisseur par cinq ou six fils ou cordons de jonc. Il n'est pas vrai qu'ils fondent du fer ; & le procédé que l'Auteur rapporte, vient de Madagascar : ils ne fondent pas non plus le cuivre ni aucun autre métal,

CHAP. XXIV, PAGE 405.

Ce que l'Auteur dit ici sur l'application des ventouses, n'est vrai qu'à l'égard des esclaves Indiens qui les appliquent de cette sorte: les Hottentots n'y avoient jamais songé.

TOME II.

Les Cartes qui sont à la tête de ce Tome sont très-peu exactes; elles semblent faites par un homme qui ne connoîtroit le pays que par oui-dire, & sur le rapport de gens peu instruits. On ne trouvera pas ceci exagéré en lisant les Notes suivantes, & en comparant ces Cartes à celle qui est dans les Mémoires de l'Académie de 1751, dont les principaux points ont été levés géométriquement.

Page 6.

Les maisons de la Ville du Cap sont couvertes d'un jonc fort & gros, à-peu-près comme celui qui croît dans nos marécages, ou bien elles sont algamassées de deux couches de briques & de chaux.

Page 13.

La maison de Constantin est dans un fond, & n'a pas de vue; elle est au Sud & non au Nord-Ouest.

Page 15.

Ce qu'on dit du nuage qui couvre les Montagnes du Tigre, est absolument faux : ces montagnes méritent à peine ce nom; elles sont fort basses, comme celles des environs de Paris: la Montagne-Bleue est à peine à quatre lieues du Cap ; ce sont deux

deux petites montagnes éloignées l'une de l'autre de deux lieues, isolées d'ailleurs, & trop peu spacieuses pour servir de retraite aux Eléphans.

PAGE 16

La Fausse Baye est bornée au Nord d'une longue plage de sable, marécageuse, & sans montagne, quoique l'Auteur dise le contraire ici & à la page 43, & même sur sa Carte.

PAGE 19.

La hauteur de la Table est de plus de 3350 pieds du Rein ; j'en ai trouvé 3353 à la pente Occidentale qui n'est pas si élevée que le milieu de la montagne : dans l'ouverture de la montagne à peine trouve-t-on quelques chétifs arbres : ce creux n'est pas formé par la chûte des eaux, puisque la pente de la montagne est vers le Sud, & que ce creux est couvert d'Arbustes : il n'y a qu'un ruisseau qui s'y précipite. Ce qu'on appelle le Paradis & l'Enfer, ce ne sont pas deux Grottes, mais deux Vallons assez profonds au Sud de la Montagne de la Table couverts de bois, que la Compagnie s'est réservés : la difficulté d'aller chercher ce bois dans l'un de ces Vallons l'a fait appeller l'Enfer, & la facilité de le prendre dans l'autre l'a fait appeller le Paradis. A l'entrée de celui-ci, la Compagnie a un jardin & une maison.

Page 21.

Le nuage qui s'éleve sur la Table est un présage du vent de Sud-Est qui, quoique violent, ne forme pas de tempête, & ne submerge pas les Vaisseaux, comme l'Auteur le reconnoît aux pages 243 & 256 du même

Tome : ainsi il y a là une contradiction.

Page 22.

Le Monument de M. Goens n'a été élevé que sur la croupe du Lion où la montagne est basse & facile à monter : la tête du Lion est comme inaccessible.

Page 27.

La Montagne du Diable n'est séparée de la Table que par une cavée peu profonde ; elle n'est plus basse que le sommet voisin de la Table que de trente-une toises, & son pied est à plus d'un quart de lieue de la mer.

Chap. II, Page 30.

Il y a tout au plus 9000 toises de distance entre la Baye de la Table & la Fausse-Baye ; ce qui fait à peine trois milles d'Allemagne.

Page 50.

Ce que l'Auteur dit de la figure du nuage & des vents par rapport aux Montagnes de Stellenbosch, est absolument faux : tout s'y passe comme sur la Montagne de la Table : mais les observations météorologiques que j'ai faites au Cap, & qui sont rapportées dans les Mémoires de l'Académie, année 1751, contredisent tout cela.

Chap. III, Page 61.

Le district du Drakeistein n'est pas si étendu que les dix-sept Provinces des Pays-Bas, puisqu'il y a à peine 30 lieues du Cap au Piquet-Berg où se termine ce district, & que la largeur de ce district entre la mer & les montagnes est tout au plus de douze lieues.

Page 64.

Ce que l'Auteur dit ici de la Riviere des Montagnes ou Berg-Riviere est absolument faux : il y a quelques bonnes habitations vers le commencement de son cours aux environs de la Paroisse de Drakestein ; mais ensuite elle traverse une vaste pleine de sable presque inhabitable, & va se décharger dans la partie Sud de la Baye Sainte-Hélene, & non pas au-delà & plus au Nord que cette Baye, comme l'auteur le met dans sa Carte, & après un cours de 40 lieues tout au plus, & non de 100 lieues.

Page 69.

Ce que l'Auteur dit de la hauteur de la Tour de Babylone est faux ; c'est un très-bas monticule auprès duquel un Habitant s'étant établi, a donné à son habitation, & au monticule qui y est renfermé, le nom de la Tour de Babylone.

Page 70.

Riebeck-Castel est une montagne ainsi appellée, parce qu'elle a été le terme des découvertes de Van-Riebeck, premier Gouverneur au Cap : on n'y a pas bâti de Fort ni placé de canon, comme l'Auteur le dit. Les habitations sont au pied & non sur cette montagne.

Page 74.

L'Auteur met la Montagne du Piquet à huit journées du Cap : il y en a trois ou quatre au plus : on y va facilement en deux.

Les deux aventures de l'Auteur, page 77 & 78, me sont fort suspectes, sur-tout celle de la rencontre de onze Lions : il n'en faudroit pas une troupe plus nombreuse pour faire déserter la Colonie : le bruit d'un Lion dans le voisinage met tout le monde en alerte.

CHAP. V, PAGE 110.

Ce qu'on dit ici, de la queue des Moutons est exagéré : elles sont ordinairement de figure triangulaire, plattes, la graisse s'étendant à droite & à gauche le long des vertebres de la queue : la pesanteur ordinaire est de trois à quatre livres, au plus cinq ou six : une queue qui peseroit douze livres seroit fort extraordinaire, & l'on tient que la chair du mouton ne vaudroit rien.

CHAP. VIII.

Ce qu'on dit ici, page 129, que les graines d'Europe dégénerent est faux, à l'égard de la plûpart : au contraire, les graines qu'on apporte du Cap à nos Isles y sont plus estimées que les graines d'Europe.

PAGE 130.

Il n'y a au Cap que très-peu de fruits des Indes : le plus commun est la Gouyave ; les Bananes n'y valent rien, ni les Ananas : des fruits d'Europe il n'y a que la Pêche, l'Abricot, la Figue, le Coing & le Raisin qui soient excellens ; les autres, comme les Pommes, les Poires, les Prunes, les Noix, les Oranges, n'y valent pas grand'chose.

PAGE 132.

Je ne m'amuserai pas à réfuter en détail ce que Kolbes dit ici du Jardin de la Compagnie ; il paroît cependant qu'il a été autrefois plus beau qu'il n'est à présent : mais Kolbes ne doit pas l'avoir vu dans ce premier état ;

il n'y a aucune ressemblance, tout y est exagéré à outrance. Ce qu'on en peut dire en général, c'est que c'est un assez beau potager, long de près de mille pas & large de 260, partagé en 44 quarrés, entourés d'une haute charmille de Chêne ou de Laurier. De ces quarrés, deux sont destinés à servir de parterre au logement du Gouverneur, & un autre est rempli par trois berceaux de Châtaigniers ; le reste contient des légumes & assez peu d'arbres fruitiers; ce jardin n'est arrosé que par quelques fossés d'eau vive, & une ou deux rigoles pratiquées en dedans du jardin.

CHAP. IX, PAGE 163.

Ce que l'Auteur dit ici du mal d'yeux fort commun au Cap ne se trouve plus, s'il a jamais été. Il

P v

est vrai qu'il en a été fort incommodé, à force de boire, dit-on.

PAGE 177.

La goutte est fort commune au Cap aussi bien que la pierre & la gravelle : l'Auteur dit ici le contraire.

PAGE 178.

Les Habitans de la Ville du Cap se donnent entr'eux fort peu ou point du tout de repas. Leur usage est de s'assembler tous les soirs depuis cinq heures jusques à neuf pour fumer, jouer & boire sans manger.

CHAP. XI.

On n'a pas encore reconnu de mines riches au Cap : on a fait beaucoup de dépenses pour en exploiter une qu'on croyoit d'or dans la Montagne appellée *Simonsberg*, qui sépare le Stellenbosch du Drakeistein ; mais tout s'est évanoui en fumée.

CHAP. XII, PAGE 206.

L'Auteur n'a été qu'une seule fois aux bains qui sont derriere les Montagnes de la Hollande Hottentote.

CHAP. XIV.

Ce que l'Auteur dit de la couleur de l'eau de la mer est ridicule. Par-tout où la mer est fort profonde & sans fond, comme disent les Marins, elle a une couleur de bleu noir. Dès qu'elle cesse d'être profonde, comme sur les bancs & près des côtes, & qu'elle prend une couleur de verdsale, c'est une marque infaillible pour connoître qu'on a fond.

PAGE 236.

Le phénomene rapporté ici paroît fort suspect, & la précision des calculs que l'Auteur ajoute pour en dater les circonstances, est ridicule.

Chap. XV.

Tout ce Chapitre est si plein de bévues que je ne puis les réfuter en détail ; je suis contraint de renvoyer le Lecteur à ce que j'ai dit dans l'Article des Observations diverses que j'ai faites au Cap, insérées dans les Mémoires de l'Académie, année 1751.

Tome 3, Chap. 1, Page 6.

Je n'ai jamais entendu parler au Cap du Léopard ni de la Panthere.

Page 20.

L'Auteur adopte ridiculement ce qu'on a dit autrefois sur la corne du Rhinoceros.

Chap. III, Page 23.

Les Chevaux dressés pour

monter se vendent fort cher : par exemple, 4, 5, ou 600 livres, à proportion de leur force & de leur hauteur : il n'y a que ceux qui ne servent qu'à fouler le grain qu'on vend fort bon marché.

PAGE 34.

La dent du plus grand Hyppopotame pese à peine trois liv.

CHAP. IV, PAGE 38.

Ce que l'Auteur dit ici de la maniere de prendre les Elans est d'autant plus ridicule, que cet animal pese jusqu'à huit & neuf cens liv. & qu'il n'y a presque pas d'arbres dans la Colonie : que ceux qu'on y trouve sont fort tendres & fort poreux. On pratique à la vérité cette sorte de chasse pour attraper une sorte de Daim d'une grandeur fort médiocre, & qui pese 20 à 25 livres, qu'on appelle *Steinboch*.

CHAP. VI.

Ce que l'Auteur dit des vols des Babouins est un vieux conte usé d'autant plus ridicule, que ceux du Cap ne s'écartent jamais des montagnes où ils ont leur retraite : il est vrai qu'ils pillent quelquefois les jardins en troupe ; mais les circonstances qu'on en raconte sont fort suspectes : je n'ai connu personne qui m'ait dit les avoir vus.

PAGE 72.

Le Blaireau puant ressemble plus à un Chien qu'à un Furet : il ne pue pas quand il est mort, à moins qu'il ne se corrompe.

PAGE 75.

On ne mange des Tortues de terre au Cap que dans la deniere nécessité: elles pesent rarement plus de trois livres, au lieu que celles de l'Isle Rodrigue qui sont excellentes, pesent 30 à 40 ou même 50 livres. J'en ai vu une qui pesoit plus de 100 liv.

CHAP. X, PAGE 110.

La propriété qu'on attribue ici au vent du Sud-Est, de chasser les puces, est singuliere: elle ne mérite pas d'être réfutée.

CHAP. XII, PAGE 133.

Je n'ai jamais vu d'autres Harengs au Cap que ceux qu'on apporte d'Europe, salés, & qu'on y estime beaucoup.

CHAP. XV.

Ce qu'on dit, page 158, des Squélettes nétoyés par les Aigles est exagéré. J'ai vu des carcasses rongées par des Aigles où elles avoient laiſſé ſeulement une partie de la peau.

CHAP. XVI, PAGE 166.

La volaille n'eſt pas à ſi bon marché à proportion que la viande de boucherie. On donne quatre Poules ou Poulets pour une piaſtre qui vaut 102 ſols, & pour la même ſomme on a 27 livres de viande de boucherie, quelquefois 36 livres.

PAGE 170.

Les Autruches ne ſe laiſſent jamais approcher ; il eſt faux qu'on puiſſe aller toucher à leurs œufs ſans les effaroucher.

PAGE 171.

Je n'ai vu pendant les deux hivers que j'ai paſſés au Cap aucune eſpéce d'Hirondelle.

PAGE 188.

Les Allouettes du Cap ſont

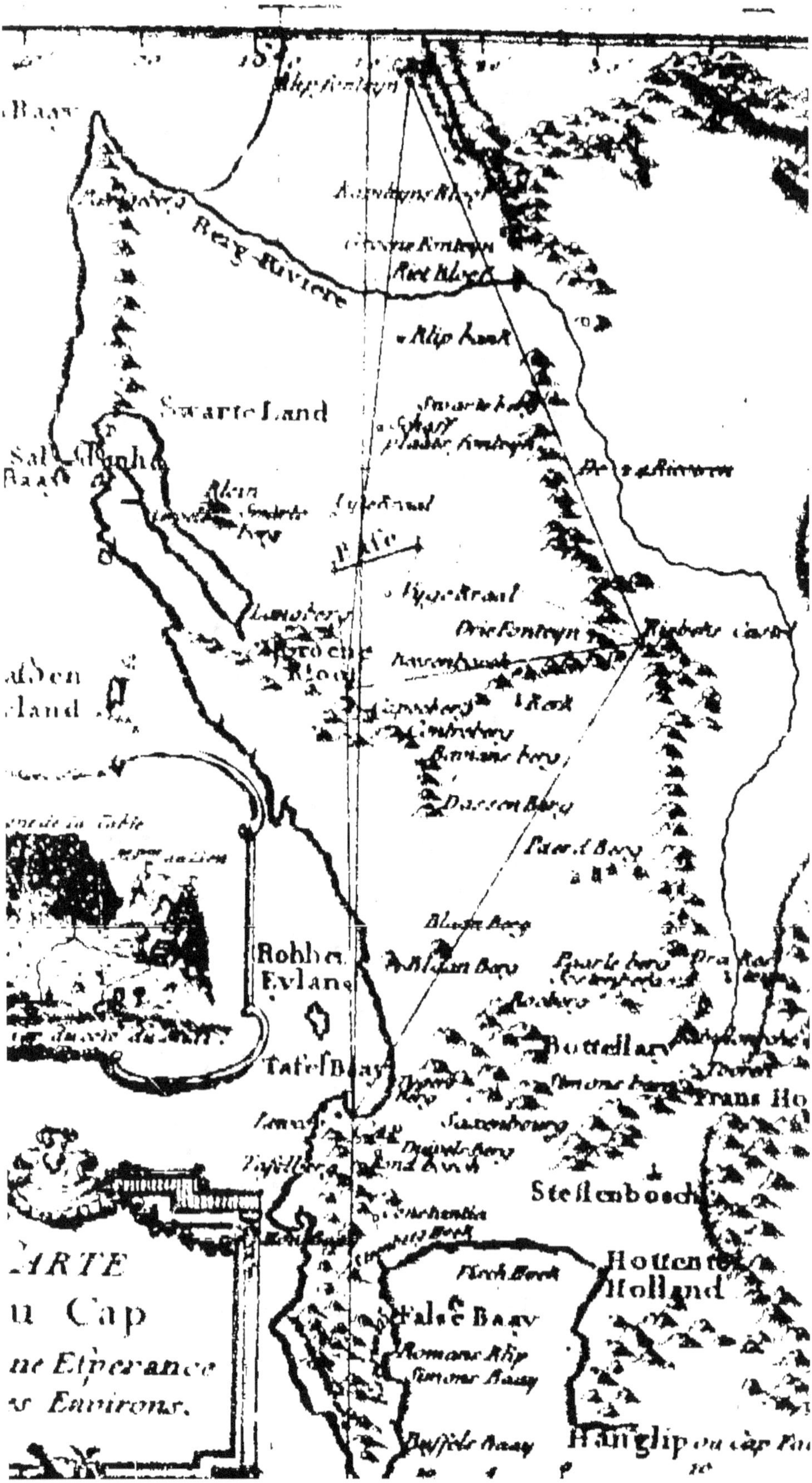
Berg Riviere
Swarte Land
Klip hoek
Drie Fonteyn
Dassen Berg
Tafel Baay
Bottellary
Stellenbosch
Hottente
Holland
False Baay
Romans Klip
Simons Baay
ARTE
u Cap
ne Esperance
s Environs.

d'une espèce différente des nôtres. Elles s'élevent perpendiculairement à dix ou douze pieds de hauteur, faisant beaucoup de bruit avec leurs aîles ; puis elles retombent subitement en faisant un petit cri. Elles ne restent jamais en l'air.

Page 193.

Le Cnorhan est une espèce de Gelinote qui a coutume de crier pendant le tems qu'il vole assez pesamment : son cri ne fait pas fuir le gibier ; sa chair est assez bonne pour faire de la soupe.

Page 196.

Ce qu'on dit ici des Sentinelles des Grues seroit impossible à exécuter dans presque tous les endroits que les Grues fréquentent au Cap. Les marécages sont presque tous dans des sables où il faudroit faire plus d'une lieue de chemin pour y trouver la moindre pierre.

Fin des Notes Critiques.

Additions & Corrections.

MAlgré l'attention qu'on a apportée à l'impression de ce Recueil, on a laissé échapper plusieurs fautes, & l'on a fait quelques omissions.

Quoique la plûpart des fautes d'impression ne soient pas considérables, on a cru devoir les réformer ici. Le premier Numero marque la page, le second la ligne. 50. 17. après brillantes étoiles, *ajoutez*, dont une de la premiere grandeur. 52. 1. par leur figure, *ajoutez*, & un grand nombre de nébuleuses. 68. 19. premier mot, lisez, *le*, au lieu de *les*. 81. 1. *lisez* Ptolémée. 88. 1. le mot de la derniere ligne doit être écrit *tutus*. 97. 27. *ces* au lieu de *ses*. Supprimer les deux dernieres lignes, & marquer que *gris* est un terme Hottentot, qui signifie un chien. Le premier Hottentot que vit M. de la Caille appella ainsi son chien. 104. 1. *Devis* au lieu de *Bevis*. 159. 7. Il y a plusieurs manieres de prendre les Eléphans, dans des parcs, par le moyen d'une femelle, par des chauffe-trappes, des piéges, des fosses couvertes, &c. Il n'est ici question que de la chasse. 171. 5. *lisez* Allemandes & Hollandoises. 177. 7. Supprimer les deux points. 224. 7. lisez *les* au lieu de *ces*. 235. 11. comme on y met. 239. 23. *lisez* abondans. 245. 1. L'Isle Bourbon. ligne 10. Saint Denis & Sainte Suzanne. 271. 22. Contraste du Gouvernement. 282. 3. *lisez* Gouyave. 316. 22. *mois* au lieu d'années.

L'on a été obligé d'ôter de l'Avant-Propos un article, où l'on faisoit connoître la maniere obligeante avec laquelle MM. Maraldi & de Lalande ont procuré, pour la composition de ce Recueil, toutes les facilités qui ont dépendu d'eux.

On a fait graver, pour servir d'éclaircissement au Discours Historique, une Carte de l'Hémisphere Austral. Ce Planisphere a déja paru dans les Mémoires de l'Académie. On le donne ici avec quelques changemens & quelques additions Cette figure de Planisphere se vend séparément chez le Libraire où se trouve ce Recueil.

Ce Planisphere ne contient pas les dix mille Etoiles que l'illustre Astronome a observées : on ne donne ici que les plus remarquables. Ce Catalogue immense est la matiere d'un Planisphere que M. de la Caille a fait dessiner en grand par une main habile, & qui est actuellement déposé dans la salle de l'Académie des Sciences.

TABLE
DES MATIERES
Contenues dans ce Volume.

A

ABattre, *terme de mer*, Page 135
Académie des Sciences; réception
de M. de la Caille, 20, 21
Achille, *Vaisseau*, 247
Agriculture ignorée chez les Hottentots, 324
Aigles du Cap, 350
Aloës, *plante*, 186, 245
Alouettes de mer, 231, *du Cap*, 251
Amazones Perroquets, 231
Ambre-gris, 246
Ananas, *fruit*, 237
Anguilles, *poissons*, 228
Arbre de Charles, *Constellation australe*, 151
Arcade, (pointe d') 107

Art de vérifier les dates, 31
Ascension, (Isle de l') 66, 244. Observations sur cette Isle, 248, son étendue, ses Montagnes, 249, 250, plantes, 251, oiseaux, 252. Curiosités naturelles, 252, 253. Pêche, 253, 254
Assen, (Isle d') 136
Astrologie, 29, 34
Astronomie, éloge de cette science, 23, distinguée de l'Astrologie, 29, 35
Astronomie, leçons d'Astronomie, 25, 26. Astronomiæ fundamenta, 71, 77. Mémoires sur plusieurs points d'Astronomie, 28, 29
Athès, fruits, 237
Autruches, 351

B.

Babylone, (Tour de) Monticule, 341, 279
Babouins, espece de Singes, 146, 176, leurs vols, 349. Bain des Négresses, ruisseau, 204, 207
Bambou, Montagne, 205, 206, 221
Bananes, fruits, 237
Baraque au Gouverneur, lieu de l'Isle de France, 201, 207

DES MATIERES.

Baraque à farine, 200
Batavia, proclamation du Général de Batavia au Cap, 176
Baptême, ou Bain des Soldats, 210
Baubriand, (M. de) commandant l'Achille, 247
Bavians, espece de Singes, 296, 297, 332
Baye de Rio-Janeiro, 125
Baye de Tous-les-Saints, son Tribunal, 131
Bayes de l'Isle de France, profondes, 198, 217
Baye du Tombeau, 214
Baye de Sainte-Hélene, 170, 328
Bayer, son Planisphere, 59, 60. Argo de Bayer, 151
Belle-Isle, riviere, 213
Benjoin, arbre, 227
Bengalis, oiseau, 232
Benoît, (le P.) 104
Bentink, (M. le Comte de) 151
Berg, (riviere de) 179
Berg Riviere, 158, 170, 340
Bestbier, (M.) 140, 144, 174, 185, 279
Bêtes feroces, 291
Beurre, 302
Bierre, 303

Blereau, 182, sa description, 182, 183, 184, 349
Bois-puant, 227
Bois rouge, 226
Boisson, ou liqueur des Hottentots, 333
Bot, petit vaisseau, 172
Bouchon, (Mer du) 201
Bouguer, (M.) 75
Bourbon, (le) Vaisseau 243
Bourbon, Port 218, 221
Bourbon, (Isle de) sa découverte, 244. Etablissement, 244, 245. Plantes, 245. Température, 246. Animaux, ibid. Curiosités naturelles, 240, 247
Bourses de mer, 254
Bouvet, (M.) Gouverneur de l'Isle de France, 197
Brabant, (Cap de) 207
Brenier, (M.) 243
Butte aux Sables, 214
Brise de mer, 119
Buschiesmans, peuple Hottentot, 329

C.

Cabot, poisson, 228
Caille, (l'Abbé de la) sa naissance, 5. Fortune de son pere, 5, 6. Sa première éducation, ibid. Ses études à Paris,

DES MATIERES.

7. Occasion qui donne lieu à son goût pour les Mathématiques de se déclarer, 8. Il prend le degré de Mᵉ ès Arts, 9. Il entre à l'Observatoire, 11. Ses premieres Observations; travail de la Méridienne, 15. Sa chûte dans une riviere, ibid. Nommé au Collége Mazarin, 18. Reçu à l'Académie, 20. Ses leçons, 22. Son Observatoire, 24. Son voyage au Cap de B. E. 43. Départ de Paris, 46. Débarquement, 47. Séjour, opérations, 48, 51, 52, 53, 63. Maladie qu'il essuie, 53. Forme de nouvelles Constellations, 56, 57. Trait de désintéressement, 64, 89. Départ du Cap, 65. Débarquement à l'Isle de France, 66, aux Isles de Bourbon & de l'Ascension, ibid, 243. Son retour en France, 67. Projette de s'établir en Provence, 70. Sa maladie, sa mort, 82. Son caractere, ses correspondans, 103. Ses Ouvrages, 22, 25, 26, 30, 31, 53, 74, 75, 76, 77, 80, 81, 96, 97, 103. Ses principales observations, 13, 24, 29, 38, 40, 47, 49, 51, 52, 61, 76, 99, 101, 106. Mé-

moires qu'il a lus à l'Académie, 20, 27, 28, 36, 37, 39, 40, 71, 72, 77

Cabrits, 230
Cafres, peuple d'Afrique ; instrument en usage chez eux, 192, 193
Calmes, 117
Caméléon, Constellation, 152
Canaries, Isles, 114
Canaries, ou Serins, ibid.
Cancrelas, insecte, 233
Canelle, (Bois de) 226
Canna & Ginseng, 332
Cap False, 169
Cape, (la) terme de mer, 213
Cap de Bonne-Espérance, estimé le lieu le plus propre aux Observations de l'Hémisphere austral, 43, 191. Coutumes du lieu, 256, 349. Remarques de M. l'Abbé de la Caille sur ce sujet, 275. Territoire, ibid. 276. Nourritures, 278, 279, 280, 281, 282. Température, 283. Productions, 284, 285, 286, 287. Pain qu'on y mange, 290. Animaux, 291, 292, 293, 294. Gibier, ibid. 295. Singes, 296, 297. Vins du Cap, 298, 299. Plaines & chemins dégradés par les taupinieres,

DES MATIERES. 363

299, 300. *Provisions à faire pour les voyageurs du lieu*, 301, 302 *Paresse des Colons Européens*, ibid. *Bierre*, 303. *Vignes & bled*, 303, 304. *Reglement sur les établissemens*, 304. *Fourmillieres*, 305, 306. *Jurisdiction*, 307, 308. *Plaintes des habitans*, 308, 317, 319, 309. *Esclaves mal instruits*, 309, 310, 311, 312. *Longitude & latitude*, 322. *Maisons du Cap*, 336. *Fruits*, 343. *Volaille*, 351. *Description de Kolbes*,   314

Cap Friou,   118
Cap malheureux,   214
Cap-Verd, (*Isles du*)   118, 46
Carangues, (*pêche des*)   254
Carias, insecte,   233
Cartes de Kolbes, fausses ou défectueuses,   335
Cassini (*Dominique*)   15
Cassini, (M.) *reçoit M. de la Caille, comme éleve*, 11, 12,   14
Caves, (*pointe des*)   212
Cerfs de l'Isle de France,   230
Chalan, (*bras de mer*)   205
Chaour, Montagne,   205, 207
Charriots du Cap,   288
Chauves-Souris de deux especes,   233

Q ij

Cheval, pierre contenue dans la vessie
　d'un Cheval, 172
Chevaux sauvages, 176, de somme, 288,
　　　　　　　　　　　　289, 348
Chevrettes, poissons, 225
Chiens sauvages, 293
Chinois, 309, 325
Citroniers aigres, 227
Citroniers (bras de mer des) 209
Chaas Waltere, (M.) 174
Cochons sauvages, 230
Cocos, (Isle des) 201
Cotos (les quatre) 200, 206
Colophone, arbre qui distille une résine,
　　　　　　　　　　　　217
Comètes, 23, 24, 37, 39, 40, 74
Compagnie du Cap. Son jardin, 143,
　　　　　　　　　　　　344
Constance, vignoble au Cap, 194, 298,
　　　　　　　　　　　　299
Constellations australes, 50., formées
　par M. l'Abbé de la Caille, 57
Contreberg, Montagne, 146, 174
Convolvulus, plante, 251
Corail, (pointe du) 209, 212
Corhan, ou Caorhan, oiseau, 352
Corbigeaux, oiseaux, 231
Couleur de la mer, 346
Créoles, Montagnes 200, 205

DES MATIERES.

Crépuscule en mer, 137
Curiosités naturelles, 219, 246, 247, 252, 253

D.

Danses au clair de la lune, 331
Daprès, (M.) Commandant du Vaisseau le Glorieux, 46, 111, 117, 139, 197
David, (M.) 197
Delta du Scorpion, signe, 143
Degré 34 de latitude australe, mesuré par M. l'Abbé de la Caille, 62
Description du Cap par P. Kolbes, 317, 318, 319
Discours sur la mesure du degré de latitude australe à M. le Gouverneur du Cap, 187, 188, 189, 190, 191
Desny, (M.) 157, 200, 202, 203, 208, 209, 210, 211
Diable (Montagne du) voisine de celle de la Table, 141, 276, 339
Diable de mer, 229
Diable, (pointe du) 201
Dieu des Hottentots, insecte, 331
Dragan, riviere, 202
Drakeistein, district, 154, 169, 170, 339, 340. Mine, 345

Duc de Parme, *Vaisseau*, 194
Duhamel, (M.) 151
Dunkerque, 17, 19
Dyssenterie guérie par la diète, 54, 215

E.

Eaux-Chaudes du Cap, 328
Ebène, 229, trois sortes d'Ebène, 227
Eclypses de Lune, 21, 117, de Soleil & de Lune calculées, 32
Egrettes, (Isle des) 200
Elans, maniere de les prendre, 348, 300
Eléphans, (chasse des) 158, 159, 160, 161, 162
Ephémérides, 30
Esclaves du Cap, Payens pour la plûpart, 309

F.

False-Baay. V. la Carte du Cap, 150, 155, 337, 339
Fernel, Médecin célèbre, 189
Feu des Hottentots, 333
Feuillée, (le P.) Minime; son voyage aux Canaries, 36
Flacq, (pointe de) 199

Flique-en Flacq, (Plaine de) 210, 211
Flammans, (Oiseaux) 231
Formalités pour entrer à Rio-Janeiro, 119
120
Fouge, (Piton de) 209. Côteau de Fouge, 210
Fouges & Lianes dans les bois de l'Isle de France, 222
Fougere, (arbre) 227
Fourmis & Fourmillieres, 305
Foux ou Fouquets, (oiseaux) 231, 252
Franshoeck, ou Coin François, 170
Fréderic-Henri, (Fort de) 218
Frégates, oiseaux, 231, 252

G.

Gemeaux, Constellation, 137
Gibier du Cap, 295
Glorieux, (le) Vaisseau où M. de la Caille s'est embarqué au Port de l'Orient, 46, 111, 256
Godin, (M.) de l'Académie des Sciences, 121
Godin (M.) le jeune, Ingénieur de la Compagnie, 200, 205, 206, 210, 211
Goëns, (monument de M.) 359

Goilans, oiseaux, 231.
Goilettes ou Querets, oiseaux de mer, 196.
Gouverneur (M. le) *du Cap*, 139, 172, 308, *des Hottentots*, 328
Gouyaves, fruits, 237, 282, 343
Graines d'Europe au Cap, 343
Grandpré, (M. de) 157
Grevenbroeck. Ses Mémoires sur lesquels Kolbes s'est reglé, 156, 322, 327
Groene-Kloof, canton des environs du Cap, 144, 177, 328
Groën Fonteyn, 179
Groix, (Isle de) 256
Grues du Cap, 352

H.

Halley, (M.) *célèbre Astronome Anglois*, 50, 56, 60. *Ses Tables sur les Comètes*, 40, 50, 55, 56. *Sa Constellation*, 50, 151, 152
Hanglip, lieu de la Hollande Hottentote, 156.
Harengs du Cap, 350
Hémisphere austral, 42, 49, 51, 54, 55, 61. *Voyez la Carte*. 108
Hippopotame, description de cet animal, 162, 163, 164, *sa tête*, 162, *ses*

DES MATIERES.

dents, 348
Hollande Hottentote, ou Hottentot Hollands. V. la Carte, 156, 321. Hot. Holl. Kloof, 181
Hollandois, 216, 218, 270
Hottentots, (Dieu des) 234
Hottentots, peuple. Hauteur d'un Hottentot, 143. Divisés en plusieurs nations, 327. Filles des Hottent. 325. Hottentots blancs, ibid. Leurs habillemens, 326. Enclins au vol, leurs guerres, 329, 262. Leur Religion, leurs danses, 330. Leurs coutumes, 257. Leur genre de vie, ibid. & 260. Chasse, 261, 262. Soins du ménage départis aux femmes, 265. Leur nourriture, 263, 264. Vie des femmes, 264, 265. Leur habillement, 265, 266, 267. Leurs sentimens envers les étrangers, 269. Territoire, 273, 274. Hottentots consultés par Kolbes, 320. Langage des Hottentots, 321, 324. Négligent l'Agriculture, ibid. Maladie épidémique en 1713, 327. Oisiveté, 330. N'ont point de métiers, 334

Hout-Baay, 139, 171, 172. Huîtres, 254

I.

Jacal, sorte de Renard, 292, 295
Jacotet, poste 107, 209
Jardin de la Compagnie du Cap, 143, 338, 344. De Nieuland, 186
Isle de Bourbon, 66. Description, 245
Isle de l'Ascension, 248
Isle des Couleuvres, 119
Isle de France, 64, 66. Débarquement, 196, 197. Description abrégée de cette Isle, 216. Sa découverte, ses premiers établissemens, son contour, 217. Histoire Naturelle & productions de cette Isle jusqu'à la page 242
Isle longue & Isle ronde, Islots voisins de l'Isle de France, 234
Insectes, 233
Instrumens d'Astronomie, 19, 26, 90, 107, 197
Instrument de Musique propre aux Cafres, 192, 193
Journal Historique commençant, 111
Jubilé célébré au Cap, 166, 167

K.

Kapoc, arbuste des Indes 175
Kapocberg, Montagne, 144, 175

DES MATIERES.

Rdsjenbosch, habitation, 175
Klip-Fonteyn, habitation, 180, 100
Kolbes ou *Kolben* (Pierre) 51. Son voyage au Cap, ses occupations, son caractere, 315. Sa vie, jugement touchant sa description du Cap, 157, 317. Extrait de son Ouvrage, impression de cet extrait, son sort, 319, 320. Ses contes sur les Bavians, 297. Notes Critiques de M. de la Caille sur sa Description du Cap, extraite & traduite, 300, depuis 322 jusqu'à 352
Korits, espece de grains qu'on enfile chez les Hottentots pour faire des pendans d'oreille, 327
Krals ou Villages des Hottentots, 258, 329
Krosick, (Baron de) 51

L.

Lait, (bois de) 226
Lalande, (M. de) 96, 97
Lamentin, poisson, 229
Latanier, arbre, 226
Latitudes & Longitudes, 113, 65, 101, du Cap, 222

Léger, (M.) Curé de S. André des Arts, 11
Leçons élémentaires, 26
Léopard, Panthere, 348
Lesquelen, (M.) commandant le Vaisseau le Bourbon, 243
Le Seur, (M.) Ministre du Cap, 172
Liévres, 230
Ligne, (la) 47, 117
Lianes, arbustes ou morbois, 222
Lions, 293, 294, 342
Loidor, (M.) Fiscal de Rio-Janeiro, 121
Louis, (le Port) 218, 220
Loups, 293, 294
Lubines, poissons, 229
Lumiere Zodiacale, 137

M.

Mabile (M.) reçoit M. de la Caille à l'Isle de France, 197
Mais, (Champs de) 230
Mal de mer, 46, 196, 214
Maladies communes au Cap, 345
Mangeur de poules, (épervier) 232
Manglier, arbre, 125, 227
Mantes-sur-Seine, (Collége de) 6
Mapors, arbre, 226

Maraldi, (M.)	12, 14, 54
Mare aux joncs,	107
Mariane, (Isle)	201
Maringouins, insectes semblables aux cousins,	233
Marmottes,	176
Marons, esclaves,	223, 224, 225
Mascareigne, premier nom de l'Isle de Bourbon,	244
Maurice, (Isle) aujourd'hui l'Isle de France,	216
Méchanique, (Traité de)	26
Mer, sa couleur,	346
Méridienne de Paris,	15, 29
Méthode pour trouver les longitudes en mer,	65, 101
Mire, (coin de)	213, 214
Montagne-Verte,	249
Montagne du Tigre & Montagne Bleue,	336
Montagnes de la Table & du Diable. Voyez Table & Diable.	
Morne-Brabant, montagne,	208
Moutons,	343, 238, 266, 293
Mouton, oiseau de mer,	135
Muller, (M.) Capitaine d'Artillerie,	185, 192

Murenes, poissons, 254
Muschenbrock, (M.) 188

N.

Nattes, (bois des) 226
Navire, (le) Constellation, 60, 151, 152, 153
Négresses, (bain des) 202, 204
Norwod, Anglois, auteur d'une Mesure, 189, 190
Nuages des Montagnes, 336, 338, 339, 340
Nuits passées à observer, 19, 20, 104
Nyle-Kraal, canton, 178

O.

Observatoire de Paris, (entrée de M. de la Caille à l') 12
Observatoire du Cap, 140, 141, 143
Observatoire du Collége Mazarin, 23, 95, 106, 107
Oiseaux desséchés, 63, 151
Olive, (bois d') 226
Optique & Perspective, (Leçons d') 26
Orient, (Port d') 46, 111, 256,

P.

Pailles-en-cul oiseaux, de deux sortes, 251, 252

DES MATIERES. 575

Pain du Cap, 290
Palmiste, arbre, 216
Pamplemons, (les) Habitation de l'Isle de France, 215
Papayes, fruits, 237
Paris, (départ de) 46, 111. Retour à Paris, 250
Patate à Durand, ou Convolvulus, plante, 252
Penmark, (roches de) 156
Perroquets, 231, 232
Perdrix, 232, 233
Perpignan, 17, 19
Petite riviere noire, 221
Pierres-ponces, 111, 249
Pieterboth, (Chapeau de) montagne, 220
Pintade, espece de Merle, 252
Picard, (M.) sa base, 19, 95, 71
Piquet-Berg, (le) montagne, 170, 185, 340, 342
Pinguin, oiseau, ses œufs, 165, 166
Planisphere, 55, 56, 58, 59
Plantes étrangeres envoyées en France, 63
Pluies, 240
Poisson, 295, extraordinaire pris dans Hout-Baay 147

Poisson, (Constellation du) 152
Poitevin, Ouvrier en instrumens de Mathématiques, 180
Porto Santo, Isle d'Afrique, 113
Portugais, navigateurs ; leurs Observations, 50, 56, 113, 118, 126
Poste (riviere du) 201
Pouce, nom de lieu, 213. Montagne, 221
Poudre d'or, 198
Poule-d'eau, 230
Prairie, (la) 207
Ptolémée, Astronome ancien, 50, 56, 59, 60, 81
Puits des Hollandois, 199

Q.

Querets ou Goilettes, 196

R.

Ramier, oiseau, 232
Rantzan, (M. le Comte de) 173
Rats & Souris, 231, 252
Raye, (la grosse) poisson, 229
Réaumur, (M. de) 151. Thermometre, 167
Récifs, terme de mer, 199

DES MATIERES.

Réfugiés François, 170
Reinius, (M.) 167
Requins, 229, 254
Rhinoceros (corne du) 157, 348
Riebek-Castel, montagne, 175, 184, 185, 342
Riet-Kloof, habitation, 179
Rio-Janeiro, établissement des Portugais, 47. Description du territoire, 122. Villes, Eglises, 123. Carrefours, 124. Places, ibid. Forts, Bayes, 125. Territoire, nourriture des Habitans, 126. Habillemens des Blancs, ibid. Officiers de Justice, ibid. Officiers Militaires. Habillemens des hommes, des femmes, Mœurs des habitans, 128. 129, 130. Repas, 131, 132.
Robur Carolinum, ou Arbre de Charles, Constellation, 56, 62
Rodrigue (Isle) 196, 239
Ronde (le bois de) 227
Ronde, Isle, 196
Rond-Boesh, canton, 186. Jardin du Roi, 6, 187
Rostaing, (M. de) 198, 213, 215
Ruyter, (M. de) 141
Rumigny, Bourg de Thierache, patrie de M. l'Abbé de la Caille, 5

S.

Saldagne, (Baye de)	145, 146
Salvages, Isles,	113
Satellite, (émersion du premier)	134
Savanne, (base de la)	201, 202, 203, 209
Sauvages d'Afrique, leurs mœurs,	267
Saxembourg, habitation,	153
Schaffplaats-Fonteyn, habitation,	178
Saint Denis, (rade de)	243
Saint Denis & Ste Suzanne, Bourgades,	245
Sainte Hélene, (Isle de)	255
Saint Martin, (pointe de)	209
Saint Paul, Bourgade,	245
Saint-Yago, ou S. Jacques, Isle du Cap-Verd,	114
Scorpions,	234
Singes de l'Isle de France, 230, du Cap,	296, 297
Soleil de mer, poisson,	167, 168, 169
Sorciers, (crainte des)	330
Souffleur, (pointe du)	201
Squine, plante,	235
Stellenbosch, district,	153, 154
Sud-Est, (Port du)	206
Sud-Est, (vent du)	356
Swarteberg,	169

T.

Tabac,	245
Table, (Baye de la)	146
Table, (Montagne de la)	141, 142, 148, 155, 276, 337
Tacamaca, (le faux) bois,	227
Tamarin, (camp du)	211, 212
Tamarin, (bras de mer du)	210
Taupes du Cap,	299
Taureau, Constellation,	137
Thermometre,	135
Tortue de mer, 229, pêche,	254
Tortue de terre,	350, 355
Traduction de Kolbes,	319, 320
Trois Fontaines,	174
Trou-aux-biches,	219
Trudaine, (M.)	195
Tulbagh, (M.) Gouverneur,	192, 308
Tygre, (Montagne du)	169

V.

Vacoa, arbre	226
Vander-Stel, (Adrien) Gouverneur du Cap,	331, 332
Van-Riebek, Hollandois,	321
Vaques, (pointe des) position,	201
Veloutier, arbre,	227

Vents,	241, 244
Vénus, planette, (coucher de)	136
Victoire, (la) habitation,	205, 206
Vielles, poissons,	254
Vin du Cap,	294, 298
Vigne du Cap,	305
Voye Lactée,	437
Waltherus, célèbre Astronome	37, 39
Wilbord-Snel, Professeur à Leyde,	188

FIN.

APPROBATION.

J'AI lu, par ordre de Monseigneur le Chancelier, un Manuscrit intitulé, *Journal Historique du Voyage au Cap de Bonne-Espérance, par M. l'Abbé de la Caille, &c.* Ce Journal contient des faits qui peuvent intéresser l'Astronomie, l'Histoire des Hottentots, & l'Histoire Naturelle. Je crois par conséquent qu'il est bon qu'il soit imprimé. A Paris ce 9 Décembre 1762. GUETTARD.

PRIVILEGE DU ROI.

LOUIS, par la grace de Dieu, Roi de France & de Navarre: A nos Amés & Féaux Conseillers, les Gens tenans nos Cours de Parlement, Maîtres des Requêtes ordinaires de notre Hôtel, Grand-Conseil, Prévôt de Paris, Baillifs, Sénéchaux, leurs Lieutenans Civils & autres nos Justiciers qu'il appartiendra; SALUT: Notre amé PIERRE GUILLYN, Libraire à Paris, Nous a fait exposer qu'il desireroit faire imprimer & donner au public un ouvrage qui a pour titre, *Journal Historique du voyage fait au Cap de Bonne-Espérance, par M. l'Abbé de la Caille.* S'il nous plaisoit lui accorder nos Lettres de permission pour ce nécessaires. A CES CAUSES, Voulant favorablement traiter l'Exposant, Nous lui avons permis & permettons par ces Présentes, de faire imprimer ledit ouvrage autant de fois que bon lui semblera, & de le vendre, faire vendre & débiter par tout notre Royaume, pendant le tems de trois années consécutives, à compter du jour de la date des Présentes ; Faisons défenses à tous Imprimeurs, Libraires & autres personnes, de quelque qualité & condition qu'elles soient, d'en introduire d'impressions étrangeres dans aucun lieu de notre obéissance. A la charge que ces Présentes seront enregistrées tout au long sur le Registre de la Communauté des Imprimeurs & Libraires de Paris, dans trois mois de la date d'icelles ; que l'impression dudit ouvrage sera faite dans notre Royaume, & non ailleurs, en bon papier & beaux caracteres, conformément à la feuille imprimée attachée pour modele, sous le contre-Scel des Présentes ; que l'impétrant se conformera en tout aux Réglemens de la Librairie, & notamment à celui du dix Avril 1725 ; qu'avant de l'exposer en vente, le Manuscrit qui aura servi de copie à l'impression dudit ouvrage, sera remis dans le même état où l'approbation y aura été donnée, ès mains de notre très-cher & féal Chevalier Chancelier de France, le sieur DELAMOIGNON, & qu'il en sera ensuite remis deux exemplaires dans notre Bibliothéque publique, un dans celle de notre Château du Louvre, un dans celle dud. Sr DELAMOIGNON, & un dans celle de notre très-cher & féal Chevalier Garde des Sceaux de France, le sieur FEYDEAU DE BROU ; le tout à peine de nullité des Présentes ; du contenu desquelles Vous mandons & enjoignons de faire jouir ledit Exposant & ses ayans causes, pleinement & paisiblement, sans souffrir qu'il leur soit fait aucun trouble ou empêchement. Voulons qu'à la copie des Présentes qui sera imprimée tout au long au commencement ou à la fin dudit ouvrage, foi soit ajoutée comme à l'original ; Commandons au premier notre Huissier ou Sergent sur ce requis, de faire pour l'exécution d'icelles, tous actes requis & nécessaires sans demander autre permission, & nonobstant clameur de Haro, Chartre Normande & Lettres à ce contraires. Car tel est notre plaisir. Donné à Paris le neuviéme jour du mois de Février, l'an de grace mil sept cens soixante trois, & de notre Regne le quarante-huitiéme.

Par le Roi en son Conseil.

LE BEGUE.

Registré sur le Registre XV de la Chambre Royale & Syndicale des Libraires & Imprimeurs de Paris, N° 856, fol. 381, conformément au Réglement de 1723. A Paris ce 19 Février 1763,

Le Breton, *Syndic.*

www.ingramcontent.com/pod-product-compliance
Lightning Source LLC
Chambersburg PA
CBHW051836230426
43671CB00008B/979